U0115301

歷久彌新的孔子思想：
談人本主義與儒家
思想的交會

張凱元　安強　著

張序

　　東西方哲學比較研究，是非常專業的學術領域，也是哲學研究者關注的焦點，觀察中國古文史，無「哲學」之名，而有「哲學」之實，因「哲學」一詞是近世由日本輸入至中國。西方哲學思想源自希臘時代，觀察希臘三哲蘇格拉底、柏拉圖以及亞里斯多德研究範疇，多涉及人本哲學，傳入中國的西方哲學，與中國傳統之儒家思想的同與異，成為近代哲學學者研究的熱門議題。

　　十四世紀歐洲文藝復興確立人本思維，逐漸擺脫中古宗教籠罩的氛圍。接著十八世紀啟蒙時代，理性至上的思維，擴展至政治、社會、人文領域。天賦人權與契約論，展現在美國獨立與法國大革命，朝著普世價值前進，成為現代民主政治先聲。反觀中國儒家，自孔孟以降皆以民為貴，以君為輕，以人為中心的民本思想，講究仁義禮智信的儒學思維，塑造文質彬彬之君子風範，君君臣臣之治國理念，父父子子之敦厚傳統，自成一套倫理體系，是一完整的中國政治哲學，與西洋哲學遙相呼應，在西方思潮的

衝擊下，中國內部反思於焉展開。

　　作者張凱元、安強學長，致力於東西方哲學之比較研究，對人本主義與儒家思想著墨甚深，讀者若能精研其文，將能窺見儒家思想之博大精深，今其著作付梓在即，拜讀凱元、安強兄大作後，我謹以上述淺薄的心得為序，推薦一二，以饗諸君。

台灣孔子研究院院長
大葉大學講座教授

梁序

本書作者張凱元兄和安強兄都是我的老朋友。尤其凱元是我從小到大的好朋友，從中學相交到現在，已經超過一甲子的時間。認識這麼久的好朋友，還能時常聯繫、維持友誼的，相信不多。

每次提到凱元，我總會想起，那段在編《屏中青年》的日子。那時，我們就讀屏東中學，都是文藝青年。他當社長，我當總編輯。在少年情懷總是詩的日子裡，能夠編校刊、寫文章，是件很快樂的事。後來我們又同到臺北升學，雖然分別在不同的大學，但偶而還是保持聯繫。大學畢業後又讀研究所，然後我先在中央銀行任職，後來轉任民營銀行，又從金融圈轉到商界，也曾遊走兩岸，但最後還是回到少年時期的最愛，經營文化事業。而凱元從事教育工作，那時我便知道他還時常在報刊上投稿以及寫書，在他退休後我便邀請他在我經營的《國文天地》雜誌上發表文章。就在那個時候，通過凱元的介紹，我又得認識了

同樣對寫作有同好的安強兄，大家志同道合，共同聚在一起為自己的興趣及推展文化工作盡一份心力，這真是一種難得的緣份和宿命。

而就在一年多前，凱元和安強對於我國儒家思想和西洋人本主義的關係又有新的體悟，準備發表新作。我們一起談到這件事，我便誠摯地邀請他們，要在我所經營的《國文天地》雜誌上先發表。於是從二○二○年八月起開始連載，果然刊出後大受好評！《國文天地》在本月獲得臺灣文學館「優良文學雜誌」的殊榮，並獲得國家圖書館舉辦「110 年度臺灣學術資源影響力」評選，榮獲「期刊資源貢獻獎」，以及「期刊長期傳播獎」等獎項。我想應該與凱元、安強的大作連載發表，有所關係。

連載結束後，凱元與安強準備正式出版大作，我自然也極力爭取在我所經營的萬卷樓圖書公司出版。在老友情分之下，他們欣然同意，並囑我寫序。拜讀兩人大作，對他們的真知灼見，深感佩服。但我已非當年的文藝青年，要寫出一篇能呼應這本內容豐富、份量沉重作品的序文，頗為躊躇。幾經思考，提筆記下我們之間的友誼，以及本

書面世的過程，作為序文，也作為友誼的見證，並與讀者
分享。

萬卷樓圖書公司總經理　梁錦興

誌於萬卷樓 2021 年 4 月 1 日

目次

前言

　　人本主義一詞，是從英文 humanism 翻譯過來。這樣乍看之下，一般人大概都自然認為人本主義的思想亦必是由西方傳入中國。事實卻不盡然，我們且先舉一個例子來做說明。即在美國象徵法律最高權威一九三五年落成的聯邦最高法院，東大門上刻有三個石像，代表法律的三個主要支柱：由左至右排的是中國的孔子（Confucius, 551-479 B.C.），猶太的摩西（Moses, 1520？-1400？B.C.），和古希臘的政治家兼哲學家梭倫（Solon, 638？-559？B.C.）三人。其中摩西首訂十誡，代表人類法律最原始的衍生；孔子代表人自身合理的倫理道德思想對人的重要性；梭倫則代表其為一般公民爭取參與國家政治活動的自由和民主權利等，開始提供了理論與制度架構。我們在這裡所要強調的乃是，一個人之為人，具有合乎人的行為規則思想，應就是所謂人本主義思想的最基本精神。這一切，我們先要由西方人本主義之所以產生的源流開始說起。

　　西方人本主義思想，大抵是源自希臘、羅馬。早期多屬

於一些零散的言論，譬如希臘的普羅塔哥拉斯（Protagoras, 484？-411 B.C.）就曾說過「人是萬物的尺度」[1]，認為這世界上的萬事萬物是什麼或不是什麼，其實都是由人來做衡量決定而已；人等於成了萬物的主宰。譬如我們說牡丹花這個名詞，或一張百元鈔票的價值等，不都是人所決定的嗎？這樣說雖然也不無道理，卻是稍嫌偏激了些。至於較溫和理性的話，則又有類如蘇格拉底（Socrates, 470-399 B.C.）提出的人之為人，應有的倫理道德態度的思索探討。他對人生的看法，認為有智慧的人，應即是知道什麼是對且願實踐什麼是對的人[2]。

這樣人對於自己產生興趣，研究自己是什麼和不是什麼，應該怎麼做才能符合人的行為條件。從歐洲的希臘開始，到西元前二世紀，希臘為羅馬所併吞，成為羅馬帝國的一部分。因希臘文化的優質，在早期對羅馬人的影響仍大（例如除拉丁文外，希臘文仍為羅馬帝國的主要語文）。希臘文學、哲學等不斷傳入羅馬，希臘重要史詩奧德賽等作品被譯成拉丁文；而當時許多羅馬貴族子女，

1　傅偉勳：《西洋哲學史》，臺北市：三民書局，1981 年，頁 63。
2　傅偉勳：《西洋哲學史》，頁 73。

也喜到希臘的雅典等大城讀書。故此，在羅馬帝國早期，重視理性、民主、文化、人生意義的思想仍然對社會生活具有相當的影響力量。然後到了約五世紀至十五世紀的中世紀時期，卻因為北方蠻族由於身處寒帶，生活必需品供應不易而不斷向南侵略掠奪，使得到處烽火不斷。宗教信仰隨之興起，成為一般民眾的精神寄託之所。然在另一方面，於西元三八〇年，羅馬的狄奧多西皇帝（Theodosius I）已把基督教定為國教[3]，教會力量與政治力量結合，皇帝與教皇之間有時互相利用，有時又相爭權益。各地大主教、主教等擁有的權勢不下於帝國體系下的貴族、官吏。修院成為財富積聚的場所；部分教士生活糜爛腐化，甚至出售贖罪券來廣泛斂財。這樣在戰亂和特權階級剝削的陰影壓力之下，人民生活困苦無依，不但讀書識字的機會減少，連原有的文化風俗制度等也遭受到嚴重破壞。不講道理只比暴力的結果，使得人性發展也受到鉅大的傷害。所以這段期間，也有人稱之為黑暗時代。

　　歐洲中世紀，老百姓生活苦悶無依，人對自己為什麼

3　P. Chrisp, J. Fullman, S. Kennedy 著，張毅瑄譯：《世界編年史》，嘉義市：明山書局，2016 年，頁 81。

活在世上缺乏目的與意義，日子只是普遍的得過且過就算數。但是凡事物極必反；窮則變，變則通。在長久的生活壓力之下，到了十四世紀後段及十五世紀前段，先從有人甘冒風險，離開家鄉向遙遠的東方及海外重新找尋自己生命的出路開始。而這種開始要突破現狀，爭取更好生存條件的結果，就帶來了近代歐洲的文藝復興和啟蒙運動兩次脫胎換骨的革命性人本主義的躍進成長。

　　首先因為內陸和海外經商貿易的關係，於義大利半島開始，部分商人的生活得到改善，甚至累積財富成為資本家。這一類人物的身分和尊嚴隨之提高，對政治和社會的影響力已可與一般貴族和教士並駕齊驅。這些資本家因具備了有錢有閒的條件，自然對教育、文化的興趣亦隨之增長。大學開始發展，知識不再成為教會壟斷之物，這就是一段時間的文藝復興。文藝復興初期的重點仍在於恢復古希臘文化和從事文學、藝術等的創作。逐步更豐富了人所獨有的社會人文活動的內容。這樣經過了二、三百年，人的活動愈趨頻繁，文化知識均有進步，歐洲的政治運作、社會活動、經濟分配卻還是相當受到中古時代傳下的舊制度所支配。貴族與教士依然享有各種特權、優遇，一般人

民仍不易從貧苦中翻身。於是舊制度與新思想的對立日益
加深，衝突無時或已，終於引發了文藝復興之後，另一個
更具革命性的啟蒙運動出現。

十八世紀前後，啟蒙運動發生時，羅馬帝國已經滅
亡，歐洲逐漸分裂形成了英、法、德、西、葡等民族國
家。本來經過文藝復興，歐洲的人民物質生活多少獲得改
善，文化和科學也由於研讀古籍和接觸外來新知，如阿拉
伯的數學，中國的印刷、造紙、火藥、指南針等，文化
思想等亦隨之產生變化。但歐洲各國的政府對人民仍普遍
實施高壓統治，社會不公平、不合理的現象卻還是有增無
已。因之愈來愈引起有識之士開始思考人的本質有無不同
的人本條件問題，以求解釋社會上諸多權利和義務分配不
公的原因。

啟蒙運動發生之前因為經貿、文化交流的結果，不少
中國的典籍已陸續譯成拉丁等文字傳入歐洲，啟蒙運動中
不少重要的人物，都曾受過有關思想的影響。其中德國的
萊布尼茲（G. Leibniz, 1646-1716）甚至提出申請要改入中
國籍未能如願；法國的伏爾泰（Voltaire, 1694-1778）一讀
到儒家的四書就對孔子的人生哲理崇敬十分，甚至將孔子

的畫像掛在廳堂朝夕瞻仰。後來伏爾泰與同在法國的孟德斯鳩（J. F. Montesquieu, 1689-1755）、盧梭（J. J. Rousseau, 1712-1778）合稱啟蒙時代法蘭西三傑。他們反對君權神授的說法，認為天賦人權，每個人的基本人權都應是自由而且平等一致的，國家乃人民在自由平等的原則下，訂立出共同遵守契約而產生。這種人生而自由平等，強調人民價值高於政府的思想，很快席捲全歐，甚至傳到美洲等世界各地。先是一七七六年導致美國獨立戰爭來脫離英國專制統治，建立起美利堅合眾國的民主政體；接著一七九二年回頭再引發了法國大革命，推翻了路易十六的帝制而建立起法蘭西第一共和國。這些由舊時重視君權與神權轉而思考是否應先尊重民權與人權的傾向，就是一種人本主義精神逐步發展的結果。

第一章

人的存在先於本質

　　在人類社會早期知識未普及的漫長封建時代，對於人權向來未能合理重視。原多認為每個普通人都不過只是社會上微不足道的一小分子，而部分人得享有特權，則是由於特殊的因緣而發生。西方啟蒙運動之後，這種思想開始調整，認為凡是人都有基本的人權存在，但這些基本的人權存在的理由，以及範圍如何卻還未能清楚了解。

　　到了十八世紀末期，歐洲從英國發生了工業革命。工業革命一開始，因為工業科技的發展可以收到立即解決問題及改善經濟的效果，所以社會上就產生了崇拜科技而又忽視人權的現象。而因重視生產利潤，很快地到處工廠林立；為了節省成本，大量勞工趨向集體管理，支取極低薪資，甚至大批雇用童工，把人也當作機器一樣來使用，資產階級殘酷地剝削無產階級，無產階級陸續也發生各種大小的抗爭事件，起初還受到政府的壓制，苦水只有自吞。

　　這樣又經過了一、兩百年到約二十世紀初期由於經濟和文化的進步，在陣痛之後民智隨之大幅提昇，不論科學的或人文的活動也都跟著要求合理而能增進最廣泛整體利益的取向，大家才發現兩者其實並不衝突。

　　首先工人組織工會以團結來爭取應得的待遇，社會上公正的有識之士也站出來調停勞資的繼續衝突；政府開始付出心力來保護勞資雙方基本的利益；部分良心企業家也逐漸明白了勞資共存共榮的道理，而願意提供工人適當優厚的條件來使自己的事業能在更和諧安定的環境下加速成長。於是我們現在人人都可以享受到的基本工資、工作契約、週休二日、退休保險等普通理所當然的措施，都是經過不斷淬鍊後所得到的成果。

　　天生萬物，其實一開始，除了無生物之外，人與其他生物並無太大的不同。甚至在自然界的生存條件，不單比不過動物界鳥之能翔空，魚之能潛水，貓狗之感覺靈敏，獅虎之勇猛壯健；甚至連植物界古木之高聳入雲，鮮花之芳香優美等特色都比不上。人類和其他生物的分道揚鑣開始產生差異，大概還只是近百萬年左右的南非原人、北京人、爪哇原人等開始有了使用工具，生火熟食及有了初步

家庭組織，產生了倫理觀念後才有的事。在這一點上，十七世紀法國的哲學家兼數學家巴斯噶（B. Pascal）已說過有名的「人是會思想的蘆葦」一句話[1]。這句話的意思就是指，以世間有生命的物體來說，人如果沒有思想活動的話，那麼人也只似最脆弱的野草蘆葦，每根都長得平凡一致，而且都同樣地渡過缺乏自我表現的一生。

確實遠古時代，人與其他生物並無差異，都一體受自然環境的掌控。植物依春夏秋冬開花結果；人和其他的動物雖比植物多了一項感覺反應的能力，但早期沒有生產的觀念也只靠天吃飯。到了後來因人逐漸產生出運用感覺意識組合，來反省思想解決問題，並由經驗計劃創造未來更妥善的境遇。於是人和世界上其他所有的存在物（包括無生物、植物、動物）開始分歧。以十九世紀末二十世紀初出現專注於討論人生存在意義的存在主義思想來說，如祁克果（S. Kierkegaard）、沙特（J. P. Sartre）等就為人的存在與其他物體的存在下了一個更深入的定義，那就是其他物體的存在是「本質先於存在」而人類的存在已改變為

1　B. Pascal 著，孟祥森譯：《沉思錄》，臺北市：水牛出版社，1970 年，頁 130。

「存在先於本質」[2]。

這種分別的道理，就是如前述，本來人與其他萬物原都沒有改變自己的力量，是同屬於本質先於存在的東西。從存在於世開始，一直到消滅離開世間，無生物當然是從頭不變；植物和動物包括人類除了形體大小等有外在機械性的變動之外，也都沒有任何自我有意義改變自身生活條件表現的可能。而反過來看現在的人類，卻與其他的無生物和生物漸行漸遠。相反於本質先於存在，存在先於本質的意思是指人已變成唯一不受同一律所限制的東西。

本質先於存在形容的是這個物體，一旦存在之後，就可以預測其從頭到尾的存在過程，大抵是什麼狀況結果。而存在先於本質是指這個人，在其存在過程中每個都會發生只屬自己才有的特殊狀況；等於自己一生不斷地創造本質。這些特殊狀況的連續變化出現，不但造成人與其他物種的分道揚鑣，而且也導致了人與人之間的個性，際遇和成就等的最後結果鉅大的差異。

人因為繼續不斷地創造本質，於是人從與其他動物

2　A. Kaplan 著，孟祥森譯：《哲學新世界》，臺北市：水牛出版社，1989 年，頁 112-126。

分離開始，近百萬年來產生出人所獨有的語言、文字、風俗、知識、倫理道德、信仰、藝術、政治、法律、經濟、科技建設等文化的軌跡，而且進度愈來愈快。到了近代大都成幾何級數般跳躍前進。人的文化不但影響每個人以及人的社會，甚至已與整個世界的形態、生態等的變化，產生出彼此密切的關係。幾乎可以說，現在的世界產生各種變動，大都是隨著人的變動而變動。

所以近代人本主義的興起，就是大多數哲學家與科學家都逐漸同意要解決目前世界上的各種問題，就必須重視以人作為基本探討中心的有關結果。

人本主義思想由歐洲向外散播造成當前世界一股盛大以人為本的風潮。但迄今為止，又尚難歸納出大家能一致同意的人本精神結論。到底怎麼樣才可算是人的行為的標準典範，德國的存在主義哲學家之一的雅斯培（K. Jaspers）在研究比較了歷史上的各著名人物之後，於一九五七年出版《蘇格拉底、佛陀、孔子與耶穌——四大聖哲》一書，舉出古往今來，世界上最超凡入聖的就是這四位代表人物。認為他們的偉大不止於其思想的博大精深，而更在於這四位人物能將思想與人生聯合，在面對人生各種境

遇時，所表現出來的不屈不撓和悲天憫人的崇高情懷，正堪為我們人類在追求人生意義上的表率。雖然目前人本主義所用的文詞概念，以及實踐要求等，已進步到相對簡明得多，但重要理論基礎，似仍可歸納在這幾位先哲所表達言行範圍之內。

回歸本文題旨，我們暫且以孔子及其追隨者如孟子等形成的儒家思想內涵為例，就幾乎與目前我們所知人本主義所強調想要解開的「人是什麼？」以及「人應該如何做人？」的兩大主題看法相當一致。首先在「人是什麼？」主題上，我們列出二十世紀以後的兩個尚可為多數人接受的重點來做解答：第一就是「人的存在先於本質」，第二是「人的意志自由與責任」。其次在「人應該怎麼做人？」主題上，我們也列出三個尚可為多數人接受的重點來做解答：依序為第三的是「人人都可以自我充分發展」，列為第四的是「人性的內涵」，然後列為第五的是「人與己，人與人，人與天的意義」。首先我們敘述每個重點的理論依據，然後我們再舉出儒家思想的相同看法以為印證。

第一個「人的存在先於本質」重點內容，我們已在

前文提及，依據祁克果、沙特等存在主義哲學家的看法，人之所以與其他動物產生分別，基本上就是因為其他動物不能改變自己的命運，一輩子就只能扮演一種已被預訂的角色，是本質先於存在。人則於存在之後，一輩子可以無數次選擇改變自己人生方向，是存在先於本質，主動權在己。而「存在主義」的名稱，也就因此而來。

現在我們先要舉出三個在人獸之別的意義上，儒家也有同樣的看法以為比較：第一個是在《論語》一書裡孔子所說的：「人能弘道，非道弘人。」（〈衛靈公第十五‧二十八〉）一段話；第二個是在《中庸》一書裡孔子所說的：「仁者，人也，親親為大；義者，宜也，尊賢為大。」（〈第二十章〉）一段話；第三個是在《孟子》一書裡孟子所說的：「人之異於禽獸者，幾希。庶民去之，君子存之。舜明於庶物，察於人倫，由仁義行，非行仁義也。」（〈離婁下‧十九〉）一段話。

第一段孔子說的是：「人可以努力來尋求自己的人生道理，並使之發揚光大；人生的道理卻不可能主動對任一個人，來使其人生無條件得以充實。」第二段孔子說的是：「所謂仁，就是人性的開始，其中以親愛自己的親人

為首要；所謂義，就是合宜的行為，其中以尊重賢能的人所立的榜樣為首要。」第三段孟子說的是：「人和禽獸的差異是很微小的。一般人都不求明白這種差異何在，只有認真的君子才會去追根究柢。譬如虞舜這個人，他觀察了世間萬事萬物的道理，然後發現人類與其他動物不同，乃是因為人有禽獸所無的倫理關係。這種倫理關係的產生，是由仁心與義理的觀念累積而來。我們人的行為一般就各自會選擇合乎人心和義理的方向來做；而不是因為受到外在的壓力，才勉強自己去做仁義之事。」

接著我們再深入些來體會這三段話裡所含蘊的深厚人本精神意義。第一段話孔子所說的應是人的存在先於本質的另一種表達方式，亦即是同樣指出所謂人生的道理，是由每個人自我追尋決定，而不是現成先天就屬於人生本質的一部分。

第二段話孔子又更清楚說明人之所以為人，第一步是隨著成長先有仁心的表現；第二步是接著又產生了義理的行為。本來人幼時尚與其他動物無異，一開始均有基本的本能會依戀父母（尤其是母親）。可是一般動物與人對父母的依戀，前者會日趨減弱，甚至完全消失；而後者則

會日趨穩定成熟，而且還發展到也愛其他的親屬及人與物等仁心表現。至於義理的行為，本來人幼時亦與其他動物無異，開始並沒有什麼行為對錯的觀念，到了相當時日之後，除了一些基本行為直接反應技能之外，人類開始由有目的學習而開始產生什麼事該做和甚麼事不該做的行為辨別結果。這種行為辨別的學習來源一是依靠自己經驗的累積，二是依靠其他先進人類榜樣的傳授，其中尤以得自先進優秀人類傳授效果最為顯著，亦即是我們現在所稱的「教育」來源。至於一般的動物的學習則永遠只能停滯在機械式直接反應和訓練，而缺乏辨別是非的教育意義，例如我們也可以訓練一隻貓或狗在固定地點大小便，卻永遠無法教育讓他們明白在固定地點大小便和不固定地點大小便的是非對錯的道理。

然後第三段孟子等於把孔子的話再做一次綜合的敘述，其重點有三：第一仍是強調人與禽獸的分別就是人的存在先於本質。這種分別很微小，是由人在存在之後逐漸建立的倫理關係而來。第二是：這種關係演化展開，及於萬事萬物，形成了人所獨有的仁心和義埋觀念（這種觀念正與我們今日所認知人是感情和理性的動物，意義相

同）。第三是：有仁心和義理的觀念之後，人就會以自由意志的原則來做合乎人心和義理標準的行為；而不是因為在受到外在的壓力之後，才勉強自己去做一些仁義之事。

第二章

人的意志自由與責任

　　其他動物的本質先於存在，人的存在卻先於本質。因此人的存在意義就不同於其他動物的存在意義。這種結果的產生，應即是因人有其他動物所無的思想能力。所謂思想，應就是一種主要由感情和理性的作用。把不同時空所得的經驗組合起來，而使之產生新的意義結果。譬如人類最先由森林火災吃到燒熟的野豬肉，覺得美味。然後又從偶爾石塊碰撞，引起枯葉起火的現象中，想到把這幾項經驗聯合起來，而產生新的熟食行為。人就因此開始逐步改變了自己存在的命運。從個人至群體，自己將來要過怎麼樣的生活，就由自己來作安排決定。這些屬於人的思想發展，有時快、有時慢，有時也可能停頓；這就牽涉到人的意志傾向問題。

　　人的存在先有思想，有了思想之後還要靠意志來做目標的貫徹。基本上每一個人的思想意志都是百分之百完全

可由自己一個人決定的，沒有任何他人可以剝奪。人都擁有思想和意志的自由是無庸置疑的；至少在思想上不受限制，愛怎麼想就怎麼想。同時先在意志上，也是自由的，愛怎麼決定就怎麼決定。但接下來要付諸意志的實現卻是要受約束，不但自己的自由不能侵犯他人的自由，而且還因外在的因素，不能隨意做自己想做的事（如想看電影但沒錢）。而更重要的是，依照美國人本心理學家羅洛·梅（Rollo R. May, 1909-1994）的看法，隨著意志自由而來的，就是人要負擔其後產生的責任與焦慮問題[1]。

譬如說，無論一個人的意志作了如何的選擇，在選擇之後都多少會與已成的事實發生衝突。因為人永遠不能獲知如作另一選擇時會有什麼樣的結果。思前想後，患得患失，又後悔難過，責任及罪疚感伴隨焦慮同時出現。釣魚者永遠覺得今天跑掉的那一條魚才是最大的；初戀但未成婚的情人總是令人難忘。思慮和悔恨過多時，就可能反把自己變成一個畏縮、頑固、膽怯和不自由的人。

而又依照德國哲學家胡塞爾（E .Husserl, 1859-1938）

1　Rollo R. May 著，龔卓軍、石世明譯：《自由與命運》〈第十章：自由帶來的暈眩〉，臺北縣：立緒文化事業公司，2001 年，頁 273-295。

現象學的理論，因為凡人的認知能力對世上的一般事物都
只能達到了解其表面現象，而無法達到認識其真正實體
內容的可能（譬如我們目前只知人會死亡，而為何會死的
關鍵仍然未充分了解，又將來人是否會不死也仍屬不可
知）。這個結果就造成世上任何兩個人對同一件事物，都
會發生有不同看法的反應傾向[2]。同樣一件事有人好之，有
人惡之；同樣的一個對象有人愛之，有人厭之；就是所得
的現象經驗及自由主觀判斷不同之故。沒有任何兩個人的
意見會完全一致，也沒有任何一個人可以掌握做一定無缺
點的事。所以在人與人之間就容易因為各自意志的不同而
造成各自的焦慮，因為焦慮而引致浮躁；再加上溝通的不
良，小則造成個人間的衝突，大則可能引發群體的對抗，
甚至戰爭。例如二十世紀中的兩次世界大戰，第一次分成
同盟國和協約國兩大集團，第二次分成同盟國與軸心國兩
大集團；產生大規模長期戰爭，造成人間浩劫。其肇因就
是先開始各別以自己的自由意志，來堅持自己所掌握的部
分事物現象，各不相讓無解的結果，自然導致焦慮的發

2　鄔昆如：《西洋哲學史話》，臺北市：三民書局，2004 年，頁 629-638。

生，而長期累積的嚴重焦慮容易導致自由的暈眩，亦即引發自由可產生極端無理性的盲目行為。多數戰爭雖然醞釀時有跡可循，爆發點卻總是在無法掌控的預期之外，便是這種焦慮甚至可以造成使人不顧一切，產生毀滅性舉動的效應結果。

人的意志傾向自由，自由的意志卻又會帶來責任與焦慮問題。每個人從自由開始，通常就是一個以自我為中心的獨特個體，而又因為人與人之間所處的環境與立場看法均有不同，又通常會使各自的焦慮更形惡化。於是有些人便採取逃避自由的方式來解決責任與焦慮的問題，例如乾脆將自己的升學選擇、婚姻、就業，甚至餐廳點菜等主權交予他人，來消除自己心裡的負擔與衝突。不少人又常以盲目遵守僵硬不合理的規則，放棄一些自由和責任，或縮小對自己潛能認識，消極地以否定自我來排除困難與焦慮（如選擇過嘻皮的生活）。

大多數人本主義學者都不贊成這種以放棄個人意志的自由，以逃避責任與焦慮的消極做法；因為逃避只是一種問題的擱置，而非是解決。譬如羅洛‧梅便具體提出一種以愛來調和人與人因為意志的不同，而可以有效減緩焦慮

與衝突的積極做法。

　　羅洛・梅認為，一個正常健康的人應該是自由的，負責任的和存在於世界之中的。人從自由開始，都是一個以自我為中心的獨特個體。於存在過程中，個體一方面必須保持獨立，以維護自我的整體性；另一方面又必須融入社會，與他人構成群體作用。獨立和分享乃是人格中相輔相成的兩個方面，不可偏廢；也就是說，一個人從愛自己開始，同時也就必須愛別人。而所謂「愛」，從人際關係而言，就是要把別人的幸福、快樂看得和自己的幸福、快樂一樣重要。而當兩個獨立的、具有完整自我核心的個體存在因為愛而產生交流時，焦慮隨之可以減輕到最低的程度；就反能促進原來具有矛盾意志的雙方都能藉良性互動，而發揮出最高的存在價值；彼此都獲得了進步及創造性的新意義。

　　本來意志多少是傾向滿足個人的意願，容易引起對抗與衝突。愛則是以為對方付出為主，所以我們追求意志自由時，就應該同時考慮一件事是否對己對人都有益，或起碼對人無害，這就是愛與意志得到調和後，人生自由可以掌握自己命運的意義，才算真正得以落實。

　　西方人本主義的精神逐步發展，對人的意義解釋愈來愈完整。現在我們回過頭來看中國的儒家思想，也發現有關人具有意志自由的本能，人要各自尊重他人的自由意志，以及人應該要以愛來調和因意志自由而引發焦慮的結果。在《論語》中也早就有類似的看法。我們現在就在《論語》中孔子所說的第一段「君子不器。」（〈為政第二‧十二〉）；第二段「仁遠乎哉？我欲仁，斯仁至矣！」（〈述而第七‧二十九〉）；第三段「子絕四：毋意，毋必，毋固，毋我。」（〈子罕第九‧四〉）；第四段「攻乎異端，斯害也已。」（〈為政第二‧十六〉）；第五段「樊遲問仁。子曰：『愛人。』問知。子曰：『知人。』樊遲未達，子曰：『舉直錯諸枉，能使枉者直。』樊遲退，見子夏，曰：『鄉也，吾見於夫子而問知，子曰：『舉直錯諸枉，能使枉者直。』何謂也？』子夏曰：『富哉言乎！舜有天下，選於眾，舉皋陶，不仁者遠矣。湯有天下，選於眾，舉伊尹，不仁者遠矣。』」（〈顏淵第十二‧二十二〉）。共五段話來分別說明其間相同的意義。

　　首先第一段「君子不器。」和第二段「仁遠乎哉？我欲仁，斯仁至矣！」說的正是孔子也認為人是意志自由的

動物之意。第一段的白話解釋是：「人是意志自由的；就這一點來說，人之為人，是與單純的器具不同的。所以一個有道的君子絕不可以被人只當作器具來使用；也不可以把人只當作器具來使用。」這段話就正好和「人是意志自由的動物」含意一致。而且在十八世紀末，德國哲學家康德（I. Kant）也曾在他的《道德形上學基礎》一書裡，說過「人是目的，而不是工具」的話[3]。可見古今智者所見略同，都認為人之所以為人，擁有意志自由是一個基本的重要因素。而孔子的第二段話，白話是：「仁這回事，距離我很遠嗎？其實仁不仁是一種意志的問題。我不想做，它當然遠在天邊；只要我想做，它是近在眼前的！」這段話重點也在強調人的意志自由，而且認為人應該善用自己的自由意志來做好事。

至於第三段「子絕四：毋意，毋必，毋固，毋我。」白話是：「孔子絕不憑空揣測；不絕對肯定；不頑固；不先入為主自以為是。」第四段「攻乎異端，斯害也已。」白話是：「人是意志自由的；而且每個人的思想、意志都

3　I. Kant, *Groundwork of the Metaphysics of Morals*, Cambridge : University Press, 2012, pp. 40-41.

是特殊的，沒有任何兩個人對一件事物的看法會完全一致。所以我們必須尊重他人的自由。如果隨便因有人與自己的意見不同就加以攻擊，那是很不妥當的做法。」這兩段話說的含意基本上與我們前面所提的胡塞爾的現象學，認為人雖然意志自由，但是又沒有任何一個人能完全把握外在事物的本體真象。每個人所獲外物的現象不同，所以看法也就各有異。因此第三段話先表明一個人千萬不可凡事自以為是。而第四段話更強調一個人更不可以因為別人的言論、行為等與自己有所出入，就隨便攻擊別人是異端，因為結果就只會造成雙方更大的衝突可能而已。

妙的是到了第五段：「樊遲問仁。子曰：『愛人。』問知。子曰：『知人。』樊遲未達，子曰：『舉直錯諸枉，能使枉者直。』樊遲退，見子夏，曰：『鄉也，吾見於夫子而問知，子曰：『舉直錯諸枉，能使枉者直。』何謂也？』子夏曰：『富哉言乎！舜有天下，選於眾，舉皋陶，不仁者遠矣。湯有天下，選於眾，舉伊尹，不仁者遠矣。』」白話的意思是：「樊遲問什麼是仁。孔子說：『就是要愛護人。』又問什麼是明智，孔子說：『就是能辨別一個人是不是能愛人及能做對事的人。』樊遲未明

白孔子的意思。孔子又補充說：『提拔能愛人及做對事的人，放置在不能愛人及做對事的人上面，就能使不能愛人及做對事的人也變成能愛人及做對事了。』樊遲退出，過了一陣子去找子夏，說道：『前些時候，我在老師那邊問怎樣才算明智。老師說：『提拔能愛人及做對事的人，放置在不能愛人及做對事的人上面，就能使不能愛人及做對事的人也變成能愛人及做對事了。』這是什麼道理呢？』子夏回答說：『這話真充分表達了明智的意義啊！虞舜有了天下，在眾人之中提拔皋陶掌刑法，除了補足自己的短處外，又可使那些不能愛人做對事的官員自然就無所施展而遠離。商湯有了天下，在眾人之中提拔了伊尹作為他的宰相，除了補足自己的短處外，也又可使那些不能愛人做對事的官員就無所施展而遠離了。』」

這段「樊遲問仁」的話說得有些曲折迂迴的味道，真正的重點卻正同於我們前面所提羅洛・梅認為人的愛與意志都是自由的，要做好一件事卻必須要求兩者兼顧。在我們所引的文字中，孔子首先就表達了我們必須要經常器重能以仁心來愛護人，同時又能以意志來做對事的人，然後就可以造成一般人都能朝此方向看齊，造成風氣。而子夏

又接著更具體舉出「虞舜與皋陶」、「商湯與伊尹」兩個實例，來說明愛與意志必須兼顧調和的優質效果。因為在虞舜與皋陶的例子裡，虞舜以道家無為式的愛治天下，而它所重用的皋陶卻是剛性法家以意志來管理國事的典型人物。而在商湯與伊尹的例子裡，又正好相反。商湯以剛性的意志起兵討伐暴虐亂德的夏桀，終於取而代之建立了商朝；他卻提拔了由廚師出身，著重柔性調和鼎鼐，以愛護照顧百姓，使大家都能在戰後休養生息，安居樂業。這些都是中國儒家思想的中庸趨向，與近代人本主義的發展方向，不謀而合的證明。

第三章

人人都可以自我充分發展

　　本文在人本主義與儒家思想理念比較的第一個主題：「人是什麼？」暫告一段落。接下來我們要討論的便是第二個：「人應該如何做人？」這個主題。我們就從「人人都可以自我充分發展」這個重點來談起。

　　從前文，我們應已可確定「人是存在先於本質的動物」，同時也是「意志自由的動物」；每一個人都可以自由選擇自己一生的前途方向。

　　人本主義著重「人」。其實不單是人，依照近代德裔美籍神經、精神科醫師高斯坦（K. Goldstein）在其機體論一書中的看法，這種生命會自然傾向選擇自己一生前途和方向的潛能，本就廣泛存在於任何生物體上。例如最基本植物的向光、向水、背地性就是一種明顯潛能傾向一致要求自己可以充分發展的表現。而到了動物，例如簡單的海蜇傘下，任一點受到觸摸，其傘下的所有口腕（觸鬚）都

會立即一致轉向該方向；如又刺激另一點，口腕又會立即
跟著轉向該方向；來應付新狀況新問題的發生，以免有阻
礙自己成長的可能。然後到了人類，因為人另具有感情和
理性的作用，乃使原來追求自我充分發展的傾向，在人類
更存有崇高的特別意義。例如我們覓食起初本與其他動物
同樣是一個會使用口、胃、腳、手、感覺、情緒等一致，
以求解決飢餓的問題。但隨著人的成長，單純吃喝的行為
更可以演變成兼顧色香味，甚至氣氛、禮節等高級整合發
展的餐飲行為。高斯坦特地把這種人類要更做好自我充分
發展，而且另具創造性以符合人的格調選擇傾向，就特別
稱作是一種自我實現（self actualization）的人格行為[1]。

　　高斯坦的自我實現觀念很快就被多數人本主義學者接
受。及至二十世紀中期，美國人本主義心理學家馬斯洛（A.
Maslow）就此推衍，更深入分析人性追求真善美的動機潛
能，提出了動機需求層次論（need hierarchy theory）[2]。明白

1　K. Goldstein 著，包蕾萍譯：《機體論》，杭州市：浙江教育出版社，2001 年，
　　頁 128-129。

2　A. Maslow 著，結構群編譯：《動機與人格》，臺北市：結構群文化事業
　　公司，1991 年，頁 51-67。

　　地把人的動機發展，如何由動物的層次銜接至人的自我實現層次；使人性的內涵能夠更清楚地顯現出來，人生的意義也因此更易於自我定位掌握。

　　人本主義學者反對把人生物化、機械化，但同意在人性之中亦必有與其他生物相同的本能存在。兩者之間如何調和，馬斯洛則又另提出了一種「需求層次論」，用循序漸進的方式來作了完整的說明。

　　馬氏認為，人類的本能因為同時另具有感情與理性判斷的成分，所以與動物的純粹本能有所不同；或可以類似本能（instinctoid）來稱呼較為妥當。這種似本能以人類的需求動機為基礎，可以分為五個層次。其結構如圖一所示：最基層是生理的需求，其上為安全的需求、愛與歸屬的需求、尊重的需求，然後最上層為自我實現的需求。

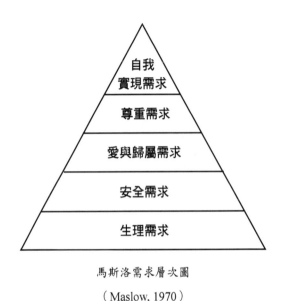

馬斯洛需求層次圖

（Maslow, 1970）

　　我們要了解這些基本需求的性質，應先由下列兩項原則來入手：一、愈基層的需求，愈接近一般動物的普遍性質；愈高層的，愈為人類所特有。二、各層需求有其秩序及因果關係。高層需求的產生，必須以低層需求的滿足為基礎。而低層需求的滿足，亦就帶來高層需求的出現。第一項原則說明人與其他生物確有共通之處。第二項原則說明不但人性與動物性可以共存，而且依著理性與感情的作用，人由動物性的需要中，可以生出人性的需要。其順序

關係說明如下：

一、生理的需求：如覓食、生殖、排泄、緊張與鬆弛等生
　　理作用均是。這一類的需要是生物之所以能夠生存、
　　繁衍，必須具備的基本條件；是任何生物一開始生活
　　在這個世界上，就必須面對的問題。如果不能滿足這
　　一層次的需求，則非但不可能產生其他任何需求的動
　　機，即生物體的生存亦無法延續。

二、安全的需求：為生理動機的上一層次，通常為已具備
　　感覺及對環境可以產生基本意識行為的，如動物層中
　　魚蟲鳥獸以上的門類才有，亦即趨吉避凶的本能。例
　　如貓、鼠、在遇有危險狀況時皆知避開。但如為生理
　　需要的強大壓力所迫，如飢餓甚久的老鼠冒著過街被
　　人追打，白日亦會出而覓食；人類也有「民不聊生，
　　鋌而走險」及「衣食足，然後知榮辱」的說法。

三、愛與歸屬的需求：生理及安全的需要都能滿足之後，
　　如哺乳類動物，則可以發展出與特定對象保持較親密
　　關係，渴望得到照顧及照顧有關對象的愛與歸屬的行
　　為。這不但表現在同類間，有時也表現在不同類屬之

間，如人與貓狗的親近等。

四、尊重的需求：愈到高層的需求，愈只為少數生物所擁
有。在前三項需求都能適當滿足的情況下，要求尊重
的動機就會在極少數的動物種類中產生。馬斯洛早期
曾從事靈長類動物的研究，就觀察到如最接近人類的
黑猩猩，在群居中會有等級的分別及利他的、非控制
式的互相友好行為產生。例如主動分食、照顧傷病同
伴、長成的小猩猩多年仍會不時回去探看母親等。但
明顯希望得到別人的尊重承認，讚許和支持，並由此
產生成就、地位、名聲等結果的動機，卻專屬人類。

五、自我實現的需求：其他動物的需求約只到第四層為
止。當上述所有需要都獲得相當的滿足之後，人卻會
另產生出自我實現的需求。不過，這種動機雖屬人所
專有及應有，卻又非人人都會發生。前四種需要，屬
於「基本的需求」（basic need），亦即人人都有甚
至若干動物亦有類似的現象；是維持生存，生活的
基本條件，是強制性的。如有或缺，就會引致生活上
的痛苦不便，故又稱為「缺乏的需求」（deficiency
need）。但自我實現需求，馬氏卻稱之為「成長的需

求」（growth need）；亦即是一個人追求生命更為豐富、更有意義，徹底實現自我理想的條件。這乃是選擇性的，為豐富自己存在的意義，以示不枉此生而產生的，故又稱為「存在的需求」（being need）。

所謂自我實現，馬斯洛認為就是一個人全力要求變成他想要變成的樣子；亦即力求發揮人的潛能，「成為自己」的意思。卻又非人人都會做到。人生在世，首先當然是求生存，故在需求層次論中的前四項是強制性，基本上缺一不可，是一種屬於缺乏的需求；自我實現的需求卻是選擇性的，缺少了並不會帶來立即的痛苦，卻是關係到成長和進步的，是一種屬於成長的需求。依照馬斯洛的說法，這樣的人等於是在做一種希望能充分做自己的理想追求，以完整自己的人生一世。馬氏認為這種人雖然也不排斥功名利祿，重點卻在建立一個人完整人格條件的發揮。〔例如荷蘭大哲學家史賓諾莎（B. Spinoza）一輩子就只是個磨鏡匠〕。他舉出一個自我實現者具有的特徵大抵為：1.較能自主自制，且富有創新眼光能力。2.較能客觀及獨到地知覺現實和掌握人生觀。3.能將工作和娛樂合而為一。

4.具有強烈的正義感。5.常從幫助他人中得到自己的快樂。6.較少害怕和憂慮。7.通常擁有幸福的婚姻,有親密的家人、朋友。8.比常人更富有生活情趣。

除了舉出自我實現者的特徵外。馬氏又將實現者再細分為兩種類型,以為我們努力的參考,分別為:

一、健康型自我實現。是一種基本務實型的自我充分發展者。這一類人除已獲基本需求的滿足之外,總是有心要求進一步發展自我的特色。希望由生理的滿足而更達到一定程度的精神滿足;能以人類基本感情與理性的導向來肯定自我存在的意義;及為追求人世真善美理想的實現而盡一份責任,在基本上應是多數人都可以做到的,或起碼是任何人都可以努力的方向。

二、超越型自我實現。是一種人類中最優秀人才的潛能充分發展,是頂尖型的,不是任何人都可以達到的。其智慧才能屬於人類中的極少數。其潛能發揮不但具有個體自我實現極致的成就意義,而且還相對的對人類整體都產生重大的指標性影響。近代的代表人物如林肯、愛因斯坦等人即是。

　　高斯坦的自我實現觀念及馬斯洛的需求層次論說明了
人同時具備了與動物相似的缺乏性本能需求，以及人類特
有的成長性自我實現需求。亦可以說人生的發展必須由基
層需要的逐步滿足而來，待基礎需求滿足之後，自我實現
的獨特需求就應成為我們成長的最高目標。理論上，自我
實現需求的出現應是必然性的，是全面性的；但因有選擇
因素的存在，其達成又變得似是偶然性，是部分性的，不
是每個人都可以做到，卻又是每個人在人生旅程之中，都
應該努力的方向。

　　說到這裡，我們回到本文要談的人本主義與儒家思想
的交會內容，卻又赫然發現，人本主義提出的自我實現，
不正就是與儒家所謂「君子之道」的追求實現意義一致
嗎？而且依照馬氏需求層次論的發展，儒家雖然未像馬斯
洛把人的需求發展列舉得那麼詳細，但有不少有關理論卻
是基本看法完全一致，我們就試舉幾個例子以為說明。

　　第一個我們要舉的是《禮記》〈檀弓〉裡所記的事
例。其內容大意是：有一次，孔子路過泰山，見有婦人在
墳墓前哀哭。孔子要子路上前去慰問那婦人為何哭得那麼
悲傷。她告訴孔子，因為她公公，丈夫和兒子都被老虎吃

了。孔子奇怪她為何不離開這個危險的地方，婦人回答的原因是這裡沒有使百姓民不聊生的苛刻政令管理，所以就只好在此冒險躲避暴政。孔子聽了感慨地對隨行學生說：「『苛政猛於虎』，讓人民活不下去的政府，真是比老虎還要可怕啊！」

依照馬斯洛的需定層次論，人的最基本需求為「生理的需求」；亦即是人生在世，首先要面對的就是自己每天過日子要解決的衣食等生活問題。然後第二層次為「安全的需要」；亦即在解決了生理需求之後，人纔會趨向進一步開始留意自己能有更安全舒適的棲息環境，來度過其餘的生命時光。這兩層需求都是人自己之所以能活下去及繁衍種族必須具備的最基本條件。而馬斯洛之所以把生理需求置於安全需求的更基層，理由是一個人如在基本的生活條件都不能滿足時，他就不會對任何其他問題關心重視，保護自己生命安全也變得毫無價值，因為人已活得生不如死了。這段儒家文獻裡描述「苛政猛於虎」記載亦即是表達了同樣的意義。

討論過第一層次的生理的需求及第二層次安全的需求之後，接著我們來看第三層次「愛與歸屬的需求」。

這一層次的需求特色已接近為人類所獨有的行為內容。在這種已以感情和理性為表現特色的需求，並因之從人與人之間互相關懷、照顧開始，然後逐步發展成為人類社會、倫理、政治等複雜關係的產生，我們要引用的是一段《禮記》〈哀公問〉的這段記載全文較長，我們暫只重點申述，其中最重要，而且最使我們佩服的乃是孔子所說：「天地不合，萬物不生。大昏，萬世之嗣也。」一句話，這句話的白話表達是：「上天與大地如果不和合，那麼世上的萬物就都無從出生。人類的婚姻和合，則同樣是傳宗接代，使人類有了繼承萬世志業的基礎。」這乍看輕鬆，仔細一思考，人類社會群居生活與其他動物類似社會的群居生活之所以不同，最基本的關鍵，不就是孔子所說的有婚姻禮制和沒有婚姻觀念的差別而已嗎？沒有婚姻而繁衍後代，最高的發展不過是各盡所能，各取所需；而人類從有了婚姻的關係之後，孔子認為才有父母子女親友以及其他一切社會倫理稱呼關係，甚至國家政事產生的可能。孔子這些從婚姻開始，談到對人類倫理、政治的系統看法，除了《禮記》之外，另在《孔子家語》〈大昏解〉中亦有大致相同記載，由此可見孔子對人類婚姻制度的重視，而

他的卓見，不也正使我們有茅塞頓開的認同感受嗎？

　　接著我們繼續討論第四層「尊重的需求」。這一層需求在馬斯洛的需求層次表中，通常都在前三層需求都已相當滿足之後才會產生；現在我們卻要舉一個同樣在儒家《禮記》〈檀弓〉裡很特殊的例子以為反面的說明。這個實例的大致內容是：「齊國某年大飢荒，有一名叫黔敖的人準備了食物擺在路邊，用來給飢餓的人吃。過了一會，有個飢者用衣袖蒙著臉拖著鞋子蹣跚地走過來。黔敖左手拿著食物，右手端著水，輕蔑地對飢者大聲喝道：『喂，來吃！』那飢者聞言抬起頭反瞪著他說：『我就是不願吃帶有侮辱性的嗟來之食，才落到這地步！』黔敖聽了趕忙向他道歉。但最後那飢者還是因為不吃而餓死了。過了一陣，曾子聽到這件事，就很感慨地說：『不要這樣啊！黔敖無禮呼喝時，當然可以拒絕。但他道歉之後，應可以去吃的。』」

　　這一段《禮記》故事的內容，在馬氏需求層次論裡，顯然已越過最基層生理需求與其上第二層安全需求、第三層愛與歸屬的需求，而心理動機突然暴跳到屬於第四層「尊重的需求」的一種特殊表現。我們舉這個例子並不是

批評馬斯洛的需求層次論有所偏差，而是同意需求層次仍應依序發展。在《禮記》故事中的飢者固然有其堅持人格應受尊重的理由，但在與最基本的生理需求有利害上的衝突時，兩害相權就應取其重者為抉擇才較妥。尤其在對方已對有損飢者顏面的行為作出道歉時，那飢者其實已受到人格尊重的實質補償作用。所以曾子所說的：「其嗟也可去，其謝也可食。」（原文）的做法，也許是比較合乎理性的中庸之道選擇。

　　然後在尊重的需求之後，一個人的人生就應進入到「自我實現需求」的最高發展層次。如前述，這一層次依照馬斯洛的說法，是人類最終追求的人生理想層次。理論上人人應可做到，事實上卻只有少數人可以達成。馬氏基本上又把自我實現分成兩種類型：一種是健康型的自我實現，等於實際上能達到「做自己」的人生存在意義，大約在一般人口中，只能占到百分之一比例左右。而在第二種超越型的自我實現，則代表在歷史上能留下顯著貢獻，提起來盡人皆知的極少數在文化上、政治上、思想上、宗教上、科學上等著有貢獻的偉大人物。馬斯洛的這種分類，依照本文主題，與儒家思想稍作比較，說來也真是巧妙

之極，那不就正是儒家有關理論中一再提到的「君子」與「聖人」兩種人生典範的同款表達嗎？

我們就依序先來談「君子」。依據近代學者楊伯峻的數據，就在《論語》一書中，提到君子一詞就有一百零七次之多。但是不論孔子或孟子等儒家重要人物，似又未對君子下過一個最終的定義。在這一點上就又與馬斯洛只對所謂自我實現者做了相當多的人格描述，最後也未對自我實現者做了明確定義一樣。無論如何，馬斯洛就是認為一個自我實現者大致上應該是一個能發揮自身的潛力實現做自己，具有合理正義感和能夠客觀又獨到地享受人生的才德之士。依照這樣的標準，我們也就可以從《論語》中找出幾則類似的說法以為比較。其一是：子曰：「君子矜而不爭，群而不黨。」（〈衛靈公第十五・二十一〉）其二是：子曰：「君子懷德，小人懷土。君子懷刑，小人懷惠。」（〈里仁第四・十一〉）其三是：子曰：「君子道者三，我無能焉。仁者不憂，知者不惑，勇者不懼。」子貢曰：「夫子自道也！」（〈憲問第十四・三十〉）

這三則孔子對君子人的描述，白話大意應是：（一）孔子說：「君子莊敬自守，凡事自有立場，但不隨便與人

發生爭執。喜歡與人和諧共處，但不以結黨謀營私利為目的。」（二）孔子說：「君子存心在道德的增進，小人存心在田產的增加。君子留心著法制的遵行，小人留心著利益的獲得。」（三）孔子說：「君子有三種美德，我都未能做到；仁心使人不憂愁，智慧使人不糊塗，勇敢使人不怯懼。」子貢說：「這三種美德，正是老師的自述啊。」

　　我們如把孔子這三段話的內容再稍深入體會一下。第一段話應是表達了一個君子人能夠很自由自在地同時發揮做自己愛世人的自我實現基本精神。第二段話應是表達了一個君子人要走的就是要合情合理，而不是為個人功名利祿打算的自我實現人生途徑。而第三段話應是總結一個自我實現的人，就是一個能做到有仁、有智、有勇水準的人。因為具有仁愛的胸懷就不易受困於一些個人的得失憂慮。而具有明義理的智慧凡事均以公平合宜的方式來解決，自然就減少了疑惑不定的可能。然後等到自己已切實做到能夠把講仁明義之心融入日常生活之中，做到基本自我實現的境界，生命的勇氣當然就隨之出現，隨時面對人生中的各種考驗挑戰而無懼了。

　　以上講的君子，亦即是馬斯洛所提健康型的自我實

現。彼此看法都相當一致，認為一方面人人都是潛在的君子，另一方面又是經過人生相當的努力付出，始能達成的一種充分發展境界。

接下來，馬斯洛在健康型的自我實現者之外，另有一種超越型自我實現者和儒家經常提到的聖人觀念亦是相當一致。我們亦就以有關典籍中，常提到的例子來討論超越型自我實現者和聖人兩者的異曲同工之妙。因為超越型的自我實現者和聖人比起健康型的自我實現者和君子，在意義上除了才德更加高超美滿之外，另外更重要的一點是超越型的自我實現者和聖人，在人本主義和儒家的看法上又更有不世出，以及其人生相對的對世界文化的進步還產生過顯著不可磨滅的影響作用。通常因之也就成為名留千古的人類典型模範。所以，古往今來，在人類歷史中，能合乎超越型自我實現或聖人條件者都僅是少數。

我們首先來看在《論語》一書中，孔子提到的幾位聖人。而這幾位聖人都並不是生在與孔子相同的年代，而已是過去的人物，所以孔子首先就感嘆說：「聖人，吾不得而見之矣！得見君子者，斯可矣。」（〈述而第七‧二十五〉）由此首先可見儒家的聖人和人本主義的超越型自

我實現者都是同屬於極少數令人永恆懷念的人物。那麼孔子到底崇仰哪些典型人物呢？我們再引用《論語》中的另兩段內容看看。第一段是：「子貢曰：『如有博施於民，而能濟眾，何如？可謂仁乎？』子曰：『何事於仁，必也聖乎。堯舜其猶病諸。夫仁者，己欲立而立人，己欲達而達人。能近取譬，可謂仁之方也已。』」（〈雍也第六‧二十八〉）白話大意應為：「子貢說：『假如有人能廣泛地為老百姓創造利益，又能適當地救濟需要特別照顧的弱勢族群；這人怎樣？可稱得上仁道嗎？』孔子說：『何止是仁，那必定是聖人了。堯舜尚且還有些做不到呢。一個仁人君子，居然如此推展自己的仁義之心，從要求自己自我實現開始，達到人生沒有白活的目的；然後又更能幫助其他的人也能自我實現，同樣達到沒有白活的目的。這樣將心比心，就真是一種仁道的最高目標了。』」然後第二段是：「子曰：『甚矣吾衰也。久矣，吾不復夢見周公。』」（〈述而第七‧五〉）白話大意應為：「孔子說：『我已經衰老極了，很久了。以前我常在夢中可以見到周公，向他請益。近因心智已趨退化遲鈍，現在連睡覺時，我都不再能夢見他了。』」

　　前引兩段文字中，孔子共列出了唐堯、虞舜和周公三位聖人（第二段文字內容孔子雖未明指周公為聖人，文內意義應亦是表達了崇仰周公為聖人。而孟子在《孟子》一書中，則將唐堯、虞舜、周公均列為聖人）。另外這三位歷史人物為何被認為是聖人則《論語》、《孟子》中均未有太多的陳述。本文為求比較聖人與超越自我實現者的同質性，乃另參考《史記》等有關資料，來看看這三位聖人在其人生自我實現過程中，到底做了哪些貢獻（但這三人因存在年代已經久遠，部分記載恐未完全相符事實，例如有些記載唐堯和虞舜均享壽百餘歲，可能性應不高）。

　　首先看唐堯的貢獻，他在中國歷史上被列為五帝之一，在位時勤政愛民，曾經說過如果有一個人吃不飽，就是我餓了他；如果有一個人穿不暖，就是我凍了他；如果一個人犯罪，就是我害了他的話（《說苑》〈君道〉）。而他最為後世所稱道的，就是開天下為公風氣之先，不為個人及家族利益打算，而培植虞舜接班，建立了禪讓帝位的佳話。其次看虞舜的貢獻，他亦列為五帝之一，出身工作從最低階做起，逐漸得到民眾、長官、甚至堯帝的賞識信任，把兩個女兒都許配給他。另外他又以孝順著名；母

親早逝，父親瞽叟、繼母及異母弟都對他不好，甚至曾設計殺他，但他仍孝順父母，友愛弟弟不變，所以他在中國民間著名的二十四孝故事中名列首位。在政治上他接受了唐堯的帝位之後，更加愛護人民，善用最優秀的人才如皋陶來協助治理國事；如大禹來治理洪水，使老百姓均能安居樂業。然後又仿效唐堯把帝位禪讓給大禹，留下了聖人的名聲。最後看周公的貢獻，周公的歷史記錄資料已比唐堯、虞舜較為完整。周公為周朝始祖周文王之子，周武王之弟。雖然自己未曾稱王，但輔助武王伐紂，建立起周朝八百七十四年的國祚歷史。後來周武王早逝，繼位的成王年幼，周公因此攝政七年，到成王二十歲時歸政，其間周公的兄弟管叔、蔡叔二人曾夥同紂王的兒子武庚作亂，周公花了三年的時間才把亂事平定。他在攝政期間及歸政之後，對國家社會最顯著而留傳千古的貢獻應該是制禮作樂的政策性推動。譬如婚姻禮儀，在周朝之前民間雖已有家庭的基本形式存在，但如何依規矩步驟來組成卻仍是一團混亂。到了周公之後才逐步採納各種經驗設計，建立起諸如媒妁、提親納采、訂親等重要步驟，然後婚禮加上一定的儀式，音樂襯托，以加強婚姻的家庭倫理妥當性。所以

一直時至今日，我們經常還稱呼男女的婚事為「周公之禮」。這樣看來類似唐堯、虞舜、周公對人類政治、社會、文化的諸多傑出貢獻，他們當然也就可以符合聖人或超越型自我實現者的條件而無愧了。

第四章

人性的內涵

　　人本主義是近代西方思想史上一次重大的變革，人本主義思想早在古希臘、羅馬的文化哲學中就已受到相當的重視，卻一直未能有進一步完整的論述。例如就人的善惡來說，人性到底是本善或本惡就是一爭論不已的問題。這個問題到了近代人本主義學者輩出之後，才大致有了人性應是本善的結論[1]。其主要理由或有二項。

　　第一是人性本惡很可能為不良行為提供了一個合理化的基礎；那就是做壞事好像是應該的，合乎人性的，這似乎不很妥當。第二是人性本惡論中所提到的「惡性」，其實說的或只是人性中部分動物的本能而已。本能如老鼠打洞、小鳥吃蟲、狗咬貓等，基本上它們都沒有為什麼要做這個行為的意識思考判斷作用在內。動物飢則覓食，而

1　車文博：《人本主義心理學》，臺北市：東華書局，2001 年，頁 637-637。

飽食之後，如一隻老虎，就不會再去攻擊眼前從草叢裡蹦跳出來的小白兔。這種覓食充飢的行為，並沒有什麼善或不善的意義在內。人則不同，人除了具有動物性的本能之外，還另有感情與理性兩種功能，這才是真正所謂人的特質。動物性的本能並不涉及善惡的價值判斷，人能做各種價值判斷是感情與理性（尤其理性）作用的結果。人是惟一理性的動物，亦即是只有人才有善惡的分別，而由理性辨別是非對錯，主要是作為自己正確行為的依據，而正確的行為一定是傾向善的，如傾向惡，就不能稱為正確行為，也非理性的表現。因此理性正確的行為必然是善良、端正、仁愛的，故而人性（單以人性而言）本善。

中國儒家的孔孟思想與現代人本主義一致，也是贊成人性本善的。例如孔子說：「性相近也，習相遠也。」（《論語》〈陽貨第十七・二〉）又說：「人之生也直，罔之生也幸而免。」（《論語》〈雍也第六・十七〉）第一句話孔子應是認為：「人的本性是一致相近的，後來因為後天的環境學習才有了不同的發展。」那先天本性是怎麼一個樣子呢？在第二句話裡，孔子進一步解釋：「人的天生本性都是正直坦誠的，後來受到環境學習的影響才有

了不正直的偏差心態產生；但又可以混下去，那只是一種僥倖結果而已。」人性有善有惡是事實，但善惡孰先存在？依孔子的看法，顯然是善先於惡而發生（譬如小孩子未經環境污染，絕不可能天生就會說謊話，而任何一個人第一次說謊話也必定先經過一番內心自我的掙扎）；亦即人性是本善的。

這到了孟子；在其《孟子》〈公孫丑上〉更有一段精彩舉例：「所以謂人皆有不忍人之心者；今人乍見孺子將入於井，皆有怵惕惻隱之心；非所以內交於孺子之父母也，非所以要譽於鄉黨朋友也，非惡其聲而然也。」孟子認為在一種毫無思慮的率直動機之下，任一個人都會表達出一種不忍別人（尤其弱勢者）無端受害的心理直覺反應，這也就是人性本善的明證。

西方人本主義和中國儒家思想均傾向人性本善，而且在適當的成長過程中，人性亦均應傾向善良發展。亦即人人都本來就具有一種自我完美以及促使自己人生能夠進步充實的傾向。心理障礙的所以發生乃在於自我發展時，因不當的影響，使人的向善性受到了壓抑與扭曲所致。亦即人本主義的精神，以整體人類的趨向而言，理論上是不斷

朝向進步，企求更完善的人生存在條件的實現。基本整體上趨向如此，但是每個人因遭遇的環境和各人的努力又會造成各種結果的變化有所不同。所以孟子就曾論述「人皆可以為堯舜」的觀念（《孟子》〈告子下〉）；任何人基本上都是具有成為聖賢的可能，而最後能否做到那種結果。要看個人是否真的有心去做。

這個道理，對個人來說是如此，對一個國家來說也是一樣。說到這裡，我們又要把西方的人本主義和中國的儒家思想來作類似的比較。因為有人說，中國的儒家思想既已存在了兩千五百多年，西方各國的人本主義開始被重視不過是近五、六百年歐洲文藝復興之後才有的事。時至今日，西方文明的現代化卻明顯地超越中國，那這是否意味著中國的儒家思想必有其不如西方人本主義思想之處？所以在長時間比較之後，自然就居於落後的地位；甚至在中國清末民初的時期，就已有不少人認為儒家思想最大的缺點就是不重視民主、科學與經濟。所以西方近代人本主義在強調爭取民權及結合科學改善人民生活的目標之下，終於導致國家民主政體的產生；以及工業革命後，科技與人性融合，使得經濟生活條件迅速成長，人民都因此而在近

一、二百年之間得到在政治上可以投票來決定政府領導人的權力，並在日常上得到享受前所未有各種舒適的物質及精神生活條件。而中國的儒家思想卻是一直只重倫理、修身，所以雖然重視人本，對人民生活真正的改善，就沒有太多的助益。

這種意見，在清末民初時確曾一度興起，甚至到今日都還多少有人這樣來作批判。我們卻認為把儒家當成缺乏科學民主與經濟概念的陳舊思想顯然是缺乏深入了解不盡公平的看法。理由如下。

我們先提科學。孔子對一個人終身思想教養，就曾在《論語》〈述而第七・六〉中說過：「志於道，據於德，依於仁，游於藝」的話。意思指的是：「一個人要立志追求真理，依據有關的道德標準處事，思想以不離開仁為中心，並且也不要忘記多做些與六藝有關的活動。」所謂六藝，依照《周禮》〈地官司徒〉的記載，乃是指的禮、樂、射、御、書、數這六件事。其中禮樂書與個人的倫理、道德、文化與美學等知識有關，而射御數則與國防、生活改善與科技等知識有關。尤其是數學對學習應就是科技發展所必需具備的基本知識條件。而我們在前文中亦曾

提到，中國古代的四大發明（印刷、造紙、火藥、指南針等）對歐洲的現代化亦有著影響。

除了四大發明外，其他我們也還可以再提幾位中國在世界科技發展史上，曾有過卓越貢獻的人物。譬如（一）目前我們所知「直角三角形斜邊的平方等於另外兩邊平方之和」的概念，一般均認為是古希臘學者畢達哥拉斯（Pythagoras, 570-495 B.C.）首先發現的，所以稱之為畢氏定理。但據中國古代討論數學及季節運行等的一本重要數理著作《周髀算經》（作者及年份均不詳，可能非一人一時所作的記載），這個概念早就在西元前約一千多年左右，周朝有一位名叫商高的人在與周公的對話中，便已提到「勾廣三、股修四、經隅五」的定論，亦即指一個直角三角形的直角邊數值為三及四，則斜邊數值即是五。故在中國亦就稱之為「勾股定理」，或「商高定理」。

其次（二），在東漢時，便有一位科學家張衡（西元78-159 年），他在歷史上著名的是首先製造出可以持續計算時間的「渾天儀」和可以測知地震發生及方位的「地動儀」，雖然對其結構未有精確的記述遺留下來，但起碼已證明中國從古代對時間與地震的探討，已有初步科學研究

的精神存在。

　　然後（三），南北朝時代，一位名叫祖沖之（西元429-500 年）的數學和天文學家。在西元四八○年時便已算出圓周率為三點一四一五九二九二○的數字，在往後的八百年之間，是全世界最精確的記錄。而且他算出月球環繞地球一周的時間為二十七點二一二二三天，與我們現代公認的二十七點二一二二二天只有極微的誤差。而且他已相當準確地可以預測出日月蝕的發生。

　　中國從秦朝一統開始，其後漢武帝開始特別尊重儒術（但可能並未罷黜百家，這一點仍有爭議），唐太宗則經常提到孔子認為：「君子舟也；庶人者，水也。水則載舟，水則覆舟」（《荀子》〈哀公〉）的觀念，以警惕自己要多善待百姓。所以漢唐的國勢強盛，文化、武備、科技、民生等都表現出色固不必說，其他朝代如隋朝開鑿了貫通南北，全長二千七百餘公里的世界最長運河，工程偉大。明朝鄭和自西元一四○五年起七次下西洋，每次率領船艦均在二百艘以上，人數二萬人以上，規模比起其後一四九二年哥倫布受西班牙王室贊助，從歐洲航行到美洲只有三艘船艦及九十名船員，不但規模上要大得多，而且船

的頓位也大得多（一般記載稍有出入，大致如此）。可見中國的國力比起歐洲國家來，在較早的時期，都應是處於領先的地位。

科技之後，接著談經濟。經濟最重要的應就是要求解決百姓生活所需的問題；能將國家的有關資源合理地配置，使人民生活無後顧之憂就是好的經濟。在這點原則上，我們認為兩千多年前的儒家經濟思想比起當下很多只顧個人賺錢而不擇手段的經濟學說來，不但毫不遜色，反而仍有其特殊價值存在。這種特殊處理經濟問題的價值，或可分為三點來說：第一點是「先義後利」的基本觀念，第二點是「先民後君」的分配原則，第三點是「照顧弱勢」的仁愛考量。

首先，關於先義後利的基本觀念。孔子與孟子基本上都不反對人有要爭取經濟利益的需要，但都特別強調在爭取個人利益的時候，卻應先考慮一下該項利益是否合乎義理應得的問題。例如孔子就曾說過：「富與貴，是人之所欲也，不以其道得之，不處也。貧與賤，是人之所惡也；不以其道得之，不去也。」（《論語》〈里仁第四‧五〉）認為人當然都喜歡富貴利益，厭惡貧賤潦倒，卻

絕不可使用不正當的手段來爭取或排斥。又說：「見利思義，見危授命，久要不忘平生之言，亦可以為成人矣！」（《論語》〈憲問第十四・十三〉）認為一個人能夠做到看見利益，同時能顧到有關的義理；遇到危難，同時願意付出自己的生命；跟人有舊約，不要忘掉允許人的諾言；這就可以算是人格良好的人了。另外孟子也曾說過：「非其有而取之，非義也」的話（《孟子》〈盡心上〉）。認為不是自己應得的利益而勉強去取得，那就是一種違背道義的行為。像這些先義後利觀念，在孔子當時就已有一位著名的學生端木子貢執行得非常出色，利人利己。他追隨孔子讀書，同時對從政、經商也都很有興趣心得。孔子逝世之後，他與眾弟子守墓三年，又獨自再守墓三年才離去。接著他短暫在魯國和衛國做了幾年官，位至卿相；然後又辭官從事國際貿易。子貢雖然改行經商，在生意上仍堅持其儒家先義後利的精神，規模愈做愈大，累積貲財至富可敵國，與各國國君都很有交情，與他們往來都可以平起平坐，成為後世所謂「儒商」的鼻祖。這就是一個儒家先義後利經濟觀念合理成功的一個例證。

在先義後利的基本觀念之後，我們接著要提的是先民

後君的分配原則。先民後君的分配原則，對一個國家的經濟意義上，也就是藏富於民的意思。因為以一個國家的整體而言，在一定時間內的財富大致是固定的。國家或君主占的分量多，人民占的分量就少，反之亦然。藏富於民的第一要點應是反對政府的稅收過高，第二要點應是要使人民都能享有基本的經濟生活條件。因為如果人民的經濟生活壓力增加，就容易造成社會的不安，而國家或君主的財富積聚太多，又容易引起政治人物的爭權奪利，都不是好的現象。

所以儒家先民後君的經濟分配原則，也是從第一：「反對高稅負」，以及第二：「人民要有基本的經濟生活條件」著手。在第一項反對高稅負上，《論語》上就有兩則關於孔子的兩個學生處理人民稅負不同的記載。第一則是：「哀公問於有若曰：『年飢，用不足，如之何？』有若對曰：『盍徹乎？』曰：『二，吾猶不足；如之何其徹也？』對曰：『百姓足，君孰不足？百姓不足，君孰與足？』」（〈顏淵第十二・九〉）第二則是：「季氏富於周公，而求也為之聚斂而附益之。子曰：『非吾徒也，小子鳴鼓而攻之可也！』」（〈先進第十一・十六〉）第一

則的大意是：魯哀公對孔子的學生有若表示，因為年度的稅收不好，所以希望把稅率從十分抽一提高到十分抽二，有若馬上反對說：「百姓富足了，國君怎麼會不富足？假使百姓不能富足，那國君又怎能富足呢？」第二則的大意是：魯國的權臣季氏已比周朝的周公還要富有了，而孔子的學生冉求擔任季氏的家臣，竟還努力為他搜刮增加利益。孔子聽到這件事就很不高興地對其他學生表示，這種人等於不是他的學生，要其他學生可以一起來揭發他的罪行加以聲討。

先義後利是儒家並不反對個人以合理的方式來增加自己的財富。先民後君是儒家認為國家的當政者應該把自己的利益放在人民的利益之後。這些做法，就應已是國家追求社會安定的經濟原則。接下來，我們要提的是，在兩千五百多年前，儒家除了先義後利和先民後君之外，竟然還同時有了「照顧弱勢」的觀念產生。這種照顧弱勢的觀念在儒家的文獻中也是隨處可見。例如在《論語》中，孔子與顏淵、子路談到自己的終生志向就是希望看到「老者安之，朋友信之，少者懷之。」的境界實現（〈公冶長第五・二十六〉）。認為一個理想的社會就是老人家都能得到

安定的照顧，幼小孩童都能得到妥善的撫育，而社會上一般人之間大家都能誠信相待就好了。又在《孟子》中，孟子與齊宣王談話說：「五畝之宅，樹之以桑，五十者可以衣帛矣；雞豚狗彘之畜，無失其時，七十者可以食肉矣；百畝之田，勿奪其時，八口之家，可以無飢矣。謹庠序之教，申之以孝悌之義，頒白者不負戴於道路矣。老者衣帛食肉，黎民不飢不寒，然而不王者，未之有也。」（〈梁惠王上〉）認為一個國家發展經濟，主要為先做好環境保育，使得物資供應不虞缺乏。老人的衣食無缺，年輕人的教育可以順利推動，在貧苦的家庭都能維持基本的生活條件。那麼這個國家的領導人，就當然會受到擁戴了。另在《禮記》中，孔子也曾說過一段很有意義的話：「聖人之制富貴也，使民富不以驕，貧不至於約，貴不慊於上，故亂益亡。」（〈坊記第二〉）這個意思是說：「一個道德與智慧都超群脫俗的人，都自有其處理富貴的原則。可以領導老百姓做到富有時不至於驕傲驕縱，貧窮時不至於困苦無依，尊貴時不至於鄙視長上。能夠這樣，社會的亂源就少了。」

　　以上所提的部分例子，都富有儒家照顧弱勢的意義內

在。這種照顧弱勢的經濟觀念，以現代的眼光來看，應就是等於「社會福利」的同義字。歐洲在工業革命之後，經濟開始起飛，民間卻逐漸形成富者愈富，窮者愈窮，財富集中的情況出現。一般人民在年幼或年老時在工業社會中缺乏謀生能力，而一般工人在疾病或失業時亦立刻造成經濟上極大負面的壓力。這個時候，人民就需要國家給予額外的照顧，以度過人生的困境難關。社會福利在十九世紀時，於歐洲各國開始逐漸成形，時至今日，已發展成為世界上任何一個國家必須要有的制度。因為基本上來說，世界上每個人在人生的每個階段都有可能會發生自己的經濟條件一時無法支持正常生活的狀況。人本主義的思想最終目的就是要照顧到每一個人，使每一個人在他一生之中都能適當地過著人的生活。所以繼續走下去，如何可以規劃出更合理照顧弱勢的社會福利政策，應將是任何一個國家政權的首要經濟目標方向。

　　談過科學與經濟，然後我們要提民主。我們將民主放在最後來討論，因為在一般批判儒家思想中，認為儒家最欠缺的就是民主的觀念，這一點可能是對儒家很大的誤解。因為儒家在政治上的終極思想是「天下為公，世界大

同」（《禮記》〈禮運〉）；而且在前文中，我們已提到了一些儒家典籍上對唐堯與虞舜禪讓政治的讚美。政權的更迭以老百姓的意向為歸依，怎麼能說儒家不重民主呢？不過儒家除了贊成民主之外，在兩千五百多年前確也曾擁護過君權亦是不爭的事實，追究其根柢，卻可能是當時一種不得已，權宜的做法。我們從下例《論語》中的三段話或可看出一些端倪來。

首先一段是：「子適衛，冉有僕。子曰：『庶矣哉！』冉有曰：『既庶矣，又何加焉？』曰：『富之。』曰：『既富矣，又何加焉？』曰：『教之。』」（〈子路第十三・九〉）白話為：「孔子到衛國去，冉有替他駕車。孔子說：『衛國人口眾多啊！』冉有說：『人口眾多了，進一步要為人民做什麼呢？』孔子說：『要使他們富足安居樂業啊！』冉有說：『人民已富足了，那進一步又要做什麼呢？』孔子說：『要教化他們啊！』」這段話乍看平淡無奇，我們今日看來卻認為正好是孔子在當時封建君主制度，仍然主導各國政治的實際環境之下，他已有規劃如何由封建專制改變成為民主政體的完整步驟出現；那就是：一、孔子看見一個國家人口眾多繁榮，國家的最基

本要素——人民的組成已經穩固，當然很高興。二、國家
的人口組成穩固之後，接著政府要做的事，是要使大家都
能生活富足、安居樂業，這樣人民才會對政府產生更大的
向心力。三、但這種類似衛國如仍以封建為主，卻最多只
能維持「小康」的局面（所謂小康，孔子在《禮記》〈禮
運〉中另有解釋，即國家體制仍屬封建世襲，但領導的君
主卻還算賢能愛民）。所以一個國家的發展，在穩定發展
之後，最終要做的，應即是要實施公民教育，使每一個國
民都可以選賢與能的方式參與政府政治的大同運作才好
（所謂大同，亦出自《禮記》〈禮運〉，表示國家已達到
天下為公的民主政治實施條件）。

　　接著我們還要引用的，是孔子在《論語》〈泰伯第
八‧八〉和〈泰伯第八‧九〉的連續兩段話，就更可以看
出孔子對公民教育的期盼與細膩。第一段是：「子曰：
『興於詩。立於禮。成於樂。』」（〈泰伯第八‧八〉）
這一段的意思是孔子還提出公民教育的基礎科目課程表來
了。在這裡，我們首先要稍作說明的，就是孔子應認為公
民教育並非是要求每一個人都要成為聖人或君子，而只是
希望一個人要成為公民都起碼能受教到具有閱讀至書寫一

般詩文的能力，學習到社會上一般禮儀應對進退規則的程序進行，以及能做到把這些能力內外通融，把自己的內在知識，在外在待人接物的行為上，以音樂般的藝術方式，相當自然和諧地表現出來，就應是一位合格的公民了。否則一個人如連公民最基本的投票選舉意義和程序都弄不清楚，也無法參加一般的公民集會，辨別是非對錯；那麼還談什麼來監督國家政治的推動進行呢？

然後我們再看孔子對公民教育實施的第二段話：「子曰：『民可，使由之；不可，使知之。』」（〈泰伯第八・九〉）這句話邏輯上是接著人民已開始接受過基本詩、禮、樂的教育而來，白話的意思應是：「孔子說：『老百姓如已具備詩、禮、樂這三項公民基本能力，就可以讓他們多管理自己的事了；但若老百姓尚未學好時，卻也不可貿然放棄，而要繼續引導教化，使他們能夠真正懂得做一個公民應有的自治條件才好。』」從這些有關的例子上看來，我們應就可以明白孔子確實是終極以民主大同作為國家政治理想的看法，而認為君主制度的實施，只不過是一時權宜的小康的局面做法而已。

民主確是一種崇高的理想，要推動起來卻不是一件容

易的事。孔子期盼大同；二千多年來，中國的政體直至清朝卻仍僵在小康的局面。孟子坦率地提出「民為貴，社稷次之，君為輕」（《孟子》〈盡心下〉）的話，更曾被明太祖朱元璋把他的牌位趕出了文廟一段時間。這種國家應屬全民的利益，卻長期為少數君主及貴族所把持的現象東西方都一樣；高瞻遠矚的看法，常常有志難伸。

但從另一角度來看，老天卻又最後總是會不負苦心人。譬如西方人本主義也從希臘、羅馬時期開始追求民主自由，就一直靠著堅持，直到西元一七七六年美國由華盛頓等人領導美國獨立建國才算是有了具體的實踐成果，民主制度開始風起雲湧陸續出現。然後到一九一一年中國經過數千年的封建束縛，也才終於在孫中山等人領導之下，推翻帝制，成立了亞洲第一個始具規模的民主共和國。這些都是經過無數人無私的努力付出後，才得獲致的成果。

說到這裡，我們順便想一提清末一位曾任高官，卻嚮往民主自由名叫徐繼畬（西元 1795-1873 年）的人，他在當時屬行專制而國勢大不如前的情況下，知其不可而為之，也曾憑著自己的良心，寫了一本《瀛寰志略》，書中除介紹世界幾十個國家的歷史文化、風土人情等概況之外，並

盛讚西方各國當時的強盛，不僅是科技武器的進步，更重要的是在於政治、社會體制的優越發展。徐繼畬是清道光年間進士，曾任廣東按察使、福建布政使、廣西巡撫、福建巡撫，並曾代理閩浙總督等，因任職多在沿海地區，和外國人交往密切，了解到很多國外情報，感嘆中外的國情形勢差別愈來愈大，就引起他寫《瀛寰志略》的動機。而書寫成之後，卻引起了很多認為他崇洋媚外的攻擊，徐繼畬的仕途也因之顛簸大受影響。最後告老還鄉。

到了西元一八四八年（清咸豐三年）美國因建造華盛頓紀念碑，並向全世界廣徵紀念物。當時有一位在浙江寧波的美國傳教士丁韙良很欣賞《瀛寰志略》這本書，就協助當地募款，將書中一段描寫華盛頓的內容，雕刻成中文石版送到美國。這一段文字記述為：「華盛頓異人也，起事勇於勝廣，割據雄於曹劉。既已提三尺劍，開疆萬里，乃不僭位號，不傳子孫，而創為推舉之法，幾於天下為公，駸駸乎三代之遺意。其治國崇讓善俗，不尚武功，亦迥與諸國異。余嘗見其畫像，氣貌雄毅絕倫。嗚呼，可不謂人傑矣哉！米利堅合眾國以為國，幅員萬里，不設王侯之號，不循世及之規，公器付之公論，創古今未有之局，

一何奇也！泰西古今人物，能不以華盛頓為首哉！」這一
塊石板現在仍鑲嵌在紀念碑內的牆壁上，成為遊客都可以
看到東西方終極都是堅持人性擇善固執，對追求民主自由
的觀念不約而同，卻各自努力，過程艱辛而經過長久的鍥
而不捨後，終均能獲致成功的一項佳話見證。

第五章

人與己、人與人、人與天的意義

　　人本主義是一種以人為中心的哲學思想。所謂以人為中心並非代表要忽視世界上其他一切現實的存在（包括神）；而是認為我們既然要了解這個世界的所有萬物，最好的途徑莫過於先從檢討人自我本身開始，然後再探討人與人，以及與萬物彼此之間的互動關係。而這種互動關係一旦愈能深入了解，當然也就更可增長彼此共存的和諧意義。

　　人本主義有時被稱為人文主義。在中國《易經》裡有一段話正好說明這種關係：「觀乎天文，以察時變；觀乎人文，以化成天下。」〈賁卦‧彖曰〉意思即是指：「觀察一般自然現象，體會出其中一定的變化道理；然後再配合人的理性思想活動，組合成一定的規則意義，這就是所謂文化的開始了。」譬如我們可以憑藉了解天氣寒暖的變

化，找出其中具有循環的關係，然後就訂出春、夏、秋、冬季節運行的曆法來，就是一種科學文化的收穫。

西方人本主義的名詞直至文藝復興之後才被穩定使用，人本的精神卻早在古希臘時代便已逐漸成形，除了本文開始，已有提到如梭倫、普羅塔哥拉斯、蘇格拉底等的人本觀念外，更著名及完整的或就是據傳在西元五、六世紀前曾鏤刻在希臘德爾斐（Delphi）太陽神廟前的「認識你自己」、「凡事勿過度」、「妄立誓則禍近」（也有認為是「保持虔誠的口舌」）三句箴言[1]。這三句箴言就正好代表了一個人之為人，存在於這個世界上，一輩子所要知道及做好的，應不外乎就是「人與己」、「人與人」，以及「人與天」三種關係。

我們來看這三句箴言。第一句「認識你自己」，意義應是指人要知道及做好與自己的關係。所謂人要知道及做好與自己的關係，就是一種叫作「自我反省」的意識觀念。我們在前面已經提過，人之為人，基本上與禽獸不同的地方就是人具有仁義的觀念，藉著仁義標準的判斷，人

1　陳喜輝：《這不是你想的希臘神話》，臺北市：原點出版社，2016 年，頁 61。

就有了自我反省的能力行為（其他動物沒有自我反省能力，譬如一隻狗或貓不會檢討自己是好狗或壞貓之類）。自我反省對一個人的影響至為重大；其一代表在人的意義上，人可以了解自己是怎樣的人，其二又代表了人可以希望在合理的範圍內，自己可以成為怎樣的人，形成了一個人較為穩定的人格傾向系統；這就是知道及做好與自己的關係，以達到「做自己」的要求了。

　　第二句「凡事勿過度」，意義應是指人除了要知道自己是人，是一個獨特的自我存在之外，接下來要知道的就是人所生活的人類社會裡，每一個人也都是一個有意志自由獨特的存在。不論世界上有多少人，就會有多少不同的意志，沒有兩個人的人格機能特徵會完全一致。性別、種族、環境等等，都會造成人與人之間對事物有或大或小的看法、做法差異發生。所以凡事勿過度，講的應就是一個人除了要知道及做好與自己的關係之後，接下來重要的是要知道及做好與他人的關係。因為人不可能離群而索居，人的基本生活及理想的追求在在都要依仗他人的協助才可以完成。所以在社會上與他人的互動主要就是不能任性只顧自己的認知，而不管他人的感受。我們知道很多涉及他

人的計畫常會因一句閒話或一件小事，使人與人之間產生莫名的衝突而導致功敗垂成的故事，應都就是未能知道及做好與他人的關係，違背了「凡事勿過度」原則結果。

第三句「妄立誓則禍近」，意義應是指除了與自己，與他人的關係之外，一個人應該還要知道及做好與天的關係。因為從前面第一句話「認識你自己」和第二句話「凡事勿過度」看來，一個人確實有知道及做好與自己關係的自由，也有知道及做好與他人關係的自由，但這些自由都是有限度的，不可能一個人想的目標前途都獲得實現，也不可能想和其他人都保持做到水乳交融的地步；人的自由意志只能盡力而為，而具體的結果恐仍需由全能的天神來做最後的裁定。一個人的努力應是成功的基本條件，卻又非絕對的保證；反過來說，一個人只妄想成功卻什麼事都不做，只是經常誇言夢想，甚至每每在天神前發誓必要達成各種目的，那麼這種缺乏誠意，等同欺騙神明的行為，恐亦只是會在自己的命運當中，增添了更多不可預料的負面禍患。

人本主義重視個人，因為重視個人而必須重視所有的人以及其他世界上與人有關的萬事萬物（包括全知全能

的神明）。所以古希臘太陽神廟前的三句箴言或亦即是人本主義思想一個相當完整的起步。後來希臘被羅馬併吞，羅馬帝國的貴族階級制度使歐洲進入中世紀的所謂黑暗時代；一般百姓的人權受到鉅大的扭曲漠視，直到十四紀後期，因有像義大利的佩脫拉克（F. Petrarch）、荷蘭的伊拉斯謨（D. Erasmus）等學者領導產生了文藝復興，才又回過頭來重視一個人的基本人權，認為除了應該重視自己之外，也要謙虛地重視任何其他的人，及所處環境，以求和諧共處發展。佩脫拉克就曾因此說過：「我自己只是凡人，我只要求凡人的幸福」，這樣的一句切合人本精神的名言[2]。

文藝復興，以及啟蒙運動之後，人本主義發展迅速，思想愈趨細膩深入。十八世紀時德國的康德（I. Kant）就寫了好幾本書討論「人的問題」；其中有兩本正好說的是「人與己」、「人與人」、「人與天」的問題。第一本《純粹理性批判》先談「人與己」，認為人的自我意志是自由的，但因一個人的經驗和理性能力都有限，所以對任

2　車文博：《人本主義心理學》，臺北市：東華書局，2001 年，頁 570。

何事物的了解，均只能達到皮毛的表面現象，沒有任一個人的意見看法是全然無缺，一定對的。那麼在我們自知能力有限，接下來的人生該怎麼辦？於是康德又接著寫了一本《實踐理性批判》，繼續討論「人與人」、「人與天」的問題。書中先說人與人，認為既然一個人無法掌握一定的對錯，世界現成的法則也確實無法由外在的限制使其完善，那麼平日與人相處就要憑自己的良心辦事，不要明知道是傷害人的事，還偏偏去做就是了。其次再說人與天，認為我們人生可貴，但又有限，所以一個人的人生在自己盡心盡力之後，到底可以完成多少理想，以及來世永恆等問題，就只有最後由天來做定論了。康德最後還在本書結論裡，特別提到：「我頭上的星空和我心中的道德律」是人最敬畏的兩樣東西[3]。而人在因此知道約束自我之後，才能稱作是一個真正自由自在的人。

康德之後的人本主義學者思想都相當著重在討論人與己、人與人、人與天（或世界）的問題。其後的人本學者，如德國的雅斯培（K. Jaspers）、海德格（M.

3　I. Kant 著，鄧曉芒譯：《實踐理性批判》，臺北市：聯經出版公司，2004 年，頁 195。

Heidegger），法國的馬色爾（G. Marcel）、沙特（J. P. Sartre），美國的羅洛‧梅（Rollo R. May）等都曾就此做過深入的論述。譬如馬色爾就認為現代的人生活複雜而內心空虛，人人在這個世界中都只是一種旅途的過往。為求自己一生之中能有生活意義的產生，人就需要以「信實」的態度來做一些人與己、人與人，以及人與神之間「訂約」的設計，以建立起適當的理想可能來超越現實[4]。另如羅洛‧梅亦曾提出過一個人必須照顧好在世界上存在的三種方式：一、人與環境的世界：生而為人，在這個世界上，就必會受到各種環境力量的影響，人首先必須接受和適應自然界的規律。二、人與人的世界：即是人與其他的人為了某種需要目的，而建立起來的人際關係。因為在孤獨中的人是無法體驗到存在的意義的。這個世界包含個體與個體、個體與群體、群體與群體之間都有不同的互動意義。三、人與己的世界：指人類獨有的意識世界，他能幫助個人了解和把握自己的潛能和價值。這三個世界都必須同時照應好，不可只重視其中的一種或兩種。否則就容易造成

4　鄔昆如：《西洋哲學史話》，臺北市：三民書局，2004 年，頁 672。

人格的障礙和心理疾病的發生[5]。

　　西方人本主義以人為中心，然後逐步深入探討對「人與己」、「人與人」、「人與天」，以求和諧共處的問題，至二十世紀已大致成為學界的共識。說到這裡，回歸本文主題，在比較人本主義與儒家思想的原則上，我們最後感覺到驚奇的，是中國的儒家有關典籍上，竟是不約而同地也早已記下了不少討論有關「人與己」、「人與人」，以及「人與天」彼此和諧互動的內容。譬如《孟子》一書中，孟子便說過：「君子之志於道也，不成章不達」（〈盡心上〉）；「愛人者，人恆愛之；敬人者，人恆敬之」（〈離婁下〉）；「順天者存，逆天者亡」（〈離婁上〉）等話。第一句說明：「君子立志求道，如不能先建立起自己的志向、人格的話，那是不可能成功的。」應就是「知己」的表現。第二句說明：「能愛護他人的，他人也會愛護他；　能尊重他人的，他人也會尊重他。」就是「知人」的表現。第三句說明：「依順天理做事，才能久存；而違反天理做事，就容易滅亡。」就是

5　劉翔平等著：《西方心理學名著提要》，臺北市：昭明出版社，1999 年，
　　頁 167-168。

「知天」的表現。

　　除了孟子的話之外，我們還要提的卻是孔子在《論語》以及《禮記》中，各有一段對於人要知天、知己、知人的完整敘述。我們先看《論語》的一段，內容是：「子曰：『不知命，無以為君子也；不知禮，無以立也；不知言，無以知人也。』」（〈堯曰第二十・三〉）其白話釋文應為：「孔子說：『一個人不能夠知道天命於人對這個世界的責任，就很難成為一位君子人；不能夠知道什麼該做與不該做，就很難算是有獨立的人格；不能夠知道基本社會溝通的原則，就很難與他人相處。』」這一段話，雖然順序不同，卻也同樣完整地表達了孔子認為人一生在世，最重要的就是要知道及努力做好（一）人與天，（二）人與己，（三）人與人這三層關係。

　　我們首先看人要知道及努力做好人與天的關係。孔子說：「不知命，無以為君子也。」這句話是指人如不能夠明白自己對這個世界的責任，就很難成為一位君子人。所謂「命」，應就是一種天賦的使命，是一種「天命」的意思，亦即是這個天底下、世界上一切萬事萬物最終的道理所在。本來在這個世界上，除了人的存在之外，其他含有

存在意義的，應就是其他萬事萬物的存在；而這個存在基本上還有兩層不同的境界分別，一是自然界除人以外其他屬於物質性事物的存在，另一則是超越自然的，非物質的神性存在。這兩種存在，都是我們人必須要了解並做好彼此關係的。

關於物質性自然界萬物的存在，原來任何一個人存在這世界上，本就不可能脫離其他的生物及無生物而可以存活下去。人的食衣住行等生活的供應都必須取之於自然界就是不爭的事實。但人在不得已的需要情況下從自然界取用物資，卻絕對要考慮到適度合理而為，並且要尊重各種有關生物使之亦有適當的永續生存環境。

在這原則之下，孔子還在《禮記》〈祭義〉裡語重心長地說過：「斷一樹，殺一獸，不以其時，非孝也。」一段話，意思即是強調「就算是用於侍奉父母，如隨意浪費物力，也是不對的。」這就可以說明孔子對尊重自然界實質萬物存在態度的嚴肅堅定。

至於人與天命中超自然的神性關係的看法，我們也可以舉《論語》中有關的三則內容來作說明。其一是孔子相信在這世界上，冥冥中，自有一個至高無上的主宰意志存

在，否則這個宇宙大自然不可能自行運作得如此完美。所以孔子在〈陽貨第十七・十九〉裡說：「天何言哉？四時行焉，百物生焉，天何言哉？」就指出天雖然自己沒說，但以天時、萬物如此運作生息有序的現象來看，其背後應有一個樞紐性的動因力量存在是無疑的。其二是人與天的關係密切，人本由天而來，最後亦將回歸於天人合一。尤其人又具有天的全知全能神性的部分靈善本性，具有自由意志；而這個自由意志亦必來源自天，雖然有缺陷，仍具有呼應天意的責任，以減少自己行為失誤的可能。所以孔子在〈憲問第十四・三十七〉裡說：「不怨天，不尤人；下學而上達，知我者，其天乎！」就指出自己不抱怨天，不抱怨人；只要上天能明白自己確是把學到的道理，已誠懇切實地比照天的意志來奉行就是。所以其三曾子也就在〈泰伯第八・七〉〉裡說：「士不可以不弘毅，任重而道遠。仁以為己任，不亦重乎！死而後已，不亦遠乎！」就指出一個人的人生就只有克盡自己的心力來做好一個人應做的事，惟效果如何，也只有天來做最後的決定了。

知道人與天的關係後，我們再來看人與己的關係。孔子說：「不知禮，無以立也。」禮，就是一種人要明白

及做好與自己的關係，或是知道什麼事該做與不該做的原則，其實就是要從「自我反省」的意識概念中檢討自己然後從而建立自己適合成為一個人的獨立人格。自我反省對一個人的影響至為重大；其一代表在人的意義上，人可以了解自己是怎麼樣的人，其二又代表了人可以希望在合理的範圍內自己可以成為怎麼樣的人；這就是知道及做好與自己的關係了。而這些關係以儒家的話來解釋，就是所謂立志，是人生有了基本立場的意思。我們在上一段「人與天」，文中已先提到人並非完美的全知全能，但又具有選擇自己前途的自由意志。既然人自知並非完美，所以在自由意志之下，要做任何一件自己行為的決定，就都有做對或做錯的可能。有自由的選擇，就有責任的後果，因此不可不慎；故雖知到最後或仍難達到確實無誤，減少錯失卻是應努力為之的。這個希望減少不必要誤失適當的做法，應就是多參考社會上累積的成例規矩來處事最好；所以《禮記》〈曲禮上〉就直接用「禮從宜，使從俗」這一段話來形容：「禮的施行首要看是關於什麼事宜；其次是原則上照著有關的習俗成規來做就對了。」一個人生在世，天天從早到晚，面對的就是各種「場合」的問題，婚喪喜

慶等大事上的行為用語不說，就是一個人日常的衣著飲食，甚至如何穿越馬路，都有一定的規矩可循；這些普遍的規矩，形諸於外就是所謂「禮」了。而在實踐的意義上，一個人是否能遵守一般的禮儀規則，亦或就是檢驗那個人的人格是否發展成熟的形式標準了。所以孔子在《論語》〈雍也第六・二十五〉裡，也另說了：「君子博學於文，約之以禮，亦可以弗畔矣夫」，認為一個君子人廣泛研習有關典籍學說，再用禮節來約束自己的行為，就大概不致違背一般處事的取捨道理了。這類話語，應和他所謂的「不知禮，無以立也」的意思是一致的。

　　知道人與自己的關係後，我們接著還要來看人與他人的關係。孔子說：「不知言，無以知人也。」這句話的意思應是指人要在社會上與他人和諧相處，那彼此多溝通的工作就必不可少。追根究柢而言，一個人的生存本必由於有他人（父母）先生存而來，而且繼續生存亦必由其他的人共同生存方有長久的可能。所以人的存在意義除了先要知道自己存在的問題之外，接著重要的就是要了解自己與他人共同存在的問題，然後設法使人我的相互作用更得和諧，進而可以促進整個世界的向上發展。在這種理想立

場之下，孔子本來已提出一個「仁」字作為基本理念，另
也提出了一個「恕」字作為實踐準則。在「仁」的意義上
譬如他說：「仁者，人也」（《中庸·第二十》），認為
所謂仁，就是人之所以配稱為人的根本。又如：「樊遲問
仁，子曰：『愛人』。」（《論語》〈顏淵第十二·二十
二〉）他回答樊遲的問題，解釋仁的涵義，就是要做好愛
護人這件事。但是人要如何來實踐愛護人呢？在另一段孔
子與子貢的對話中則有如下的記載：「子貢問曰：『有一
言而可以終身行之者乎？』子曰：『其恕乎？己所不欲，
勿施於人。』」（〈衛靈公第十五·二十四〉）大意是：
「子貢問道：『有以一個字，就足以表達我們做人做事終
身奉行原則的可能嗎？』孔子說：『大概可以用這個恕字
吧？它的意義就是：你自己不想別人怎樣對待你，你就不
要那樣對待人。』」於此孔子認為大家如都能做到己所不
欲，勿施於人的行為，每個人如都能愛護他人，就像愛護
自己一樣，那麼天下的人就都不會去做些危害他人的事了。

　　本來這種將心比心的恕道精神，在原則上也確是簡明
有效的從自己出發，然後做到人與人間都能以仁愛相待的
一種最好方法。如人飢則覓食，自己既不想受飢餓之苦，

那麼也應該努力使他人不受飢餓之苦就是了。這在基本推己及人的意涵上應是不錯，在實際人與人的狀況上似又不是那麼簡單。因為人的飢則覓食在幼時固然大同小異，到長大後卻就會有各種飲食習慣不同。有人喜歡吃飯，有人喜歡吃麵；有人無肉不飽，有人不沾葷腥；於是我們如果送了很多牛肉給吃素的人，那就反而造成尷尬了。孔子於此也說過「性相近，習相遠」（《論語》〈陽貨第十七·二〉）一句話，可見他也知道人固然有其先天基本相近之處，可以就此將心比心，以自己之所需，推及他人之所需。但人亦有其後天因環境而造成的甚多相異之處，卻應是我們在忖度已所不欲勿施於人時，還要進一步思考裁量；然後再對人表達自己願意以仁愛之心相待的真情實意，而在施者及受者多考慮對方立場的原則之下，使都能得到更和諧的利益才好。這在先天人的共同性，我們大約均可以推己之心而獲致，後天人的個別差異，卻或就要靠人與人間的進一步積極溝通才能知曉了。而溝通的主要方式應就在語言。

　　人的語言功能非但使人自己知道除了「我」之外，世間尚有其他與我同族類的「他人」存在這回事；而且還是

人我之間互相表達感覺、情緒、思想、意志、行為等的首要利器。例如人若已先有「己而不欲，勿施於人」的基本心態，然後再加上自己從學習、觀察以及其他經驗所得，在實際處理某事時，先與他人做交換意見的溝通對話，那麼任何本來就是一種善意的行為，結果卻收到失誤後果的可能性就更會因之而減少了。我們在這裡且舉出兩個因為積極溝通而得以及時改正錯誤處理善意的例子來做補充說明。

第一個例子記在《呂氏春秋》〈任數〉上，內容大意為：「孔子周遊列國時，有一次受困於陳國和蔡國之間，好幾天都沒有米煮飯吃；大家都很困憊。某日顏回到附近民家要到一些米，正在煮飯將熟時，孔子從廚房窗前走過，看見顏回把飯鍋打開就抓了一口飯吃。孔子當時不好就責備顏回。稍後等飯煮好，顏回盛了飯送到孔子面前，孔子先不吃，開口向顏回說：『剛剛我在睡夢中夢見了我父親，現在正好有新鮮潔淨的飯，我想先用來祭拜他一下才好。』顏回連忙搖手說：『老師，這飯不適合用來祭祀啊。剛剛燒飯的時候，我打開鍋蓋看飯熟了沒有，卻有火灰因此飛進飯鍋，我就趕快抓了一口被火灰弄髒的飯吃了，所以這飯已不是完全潔淨的了。』孔子一聽，恍然大

悟，不由嘆了口氣說：『哎啊，我差點錯怪顏回了。』」

　　第二個例子則記在《孔子家語》〈致思〉裡，內容大意為：「魯國因國勢衰弱，有不少人被抓去賣到鄰國當奴隸。魯國甚為不忍，就頒布命令說，如果有人能從鄰國把魯國奴隸贖回來，那麼就依數量給予獎金。不久子貢就贖了一批奴隸回來交給政府，而且還辭謝不領獎金。孔子聽到這件事，就評論說：『端木賜這種表達仁愛之心的行為於個人來說是對的，於社會風氣卻不太對啊。因為他的行為有引起他人比照辦理的意義。魯國本來就窮人多富人少，他這種贖回不受獎金的做法，別人是很難做到的；如此結果，就恐怕導致魯國人不太願意這樣平白去做贖回奴隸的事了。』」

　　這兩個例子，應都是說明了一個人的行為，除了動機純正之外，如再加上更深入的與人誠懇溝通，就更可以減少對人的誤解，進而增加人際間互動正面效果的可能。於此我們還可以再看《尚書》〈皋陶謨〉上的一段話：「知人則哲，能官人；安民則惠，黎民懷之。」說的應是：「能夠以明智深入的方式來多了解他人的長處，那麼任用公務員就不易犯錯；然後因此使百姓真正受到仁政的

好處，安居樂業，那大家就自然心向著他了。」這裡所說的，亦就是人（尤其領導者）要做好安定社會的工作，就首先要從知人開始，而要知人，就莫過於要做好更深入溝通了解他人的道理了。

孔子對天、人、我的關係了解深刻。除了《論語》〈堯曰第二十‧三〉這一段「不知命，無以為吾子也；不知禮，無以立也；不知言，無以知人也。」的含義外，我們最後還要引用來討論的，就是孔子另一段在《禮記》〈禮運大同篇〉裡的精彩記述。說的是：「大道之行也，天下為公。選賢與能，講信修睦；故人不獨親其親，不獨子其子；使老有所終，壯有所用，幼有所長；鰥寡孤獨廢疾者皆有所養。男有分、女有歸。貨，惡其棄於地也，不必藏於己；力，惡其不出於身也，不必為己。是故謀閉而不興，盜竊亂賊而不作；故外戶而不閉，是謂大同。」白話應是說：「人生而平等，國家政權為全民所公有，是上天所賦的最高道理。然後由全民選出有德行和有能力的人來為大家服務。人與人之間真誠相待，說話算數，彼此互相督促而又和睦相處。因此風氣所及，大家就不會執著只愛護自己的親人和子女。這樣推廣仁愛的結果，就可以使

得社會上所有的老年人都能得到贍養，使壯年人都能順利就業，使幼年人都能受良好教育。而失婚未成家者、幼而無父母可依者、老而無親人可靠者、身障或疾病纏身者都可以得到適當的安置，使生活無虞。男人能為社會盡心力，女人能有好的歸宿，把家庭照顧好。大家都能多為別人著想，對財物使用只擔心有無浪費，卻不太去計較誰多誰少；對工作只問有無做好，卻不太去計較自己能從中得到什麼利益。這樣下來，社會上就不會有人一天到晚去弄些陰謀詭計；而偷拐搶騙等破壞社會的惡事也就沒人會去做。百姓安居樂業，大家都不會非分去侵犯他人。那麼每個家庭的大門就是晚上不關緊上鎖也不至於會發生什麼有人擅自侵入等不良事端；這就是達到一種全世界都能共同和平安樂的境界了。」

首先我們來看其中說到人與天的關係，應就是開頭「大道之行也，天下為公」這句話。這句話正好與近代英國哲學家洛克（J. Locke）等所提出「天賦人權」的觀念一致。洛克認為在天生的自然狀態下，人都是一律自由、平等；但後來為了謀求社會共同的安全與發展，乃需通過多數的意志，同意組成國家、政府；然後再訂立出大家可以共

同遵守的法令規則,來保障有關個人權利義務的推動實施。

其次我們來看人與己的關係,應就是其中「貨,惡其棄於也,不必藏於己;力,惡其不出於身也,不必為己」這句話。本來一般說到人與己的關係時,多少都會傾向對自己有利的立場,孔子在這裡,卻提出了人在這方面應是要知道自己什麼事該做與不該做的原則。凡事盡心盡力,看淡名利,這樣才能建立起自己適合成為一個人的自立人格,獲得從容生活,真正活出生命的價值意義。

最後我們來看人與人的關係,這個人與人可能是一個人所要了解的最複雜的一種關係。所以在〈禮運・大同篇〉整篇孔子所說的話裡,除了上述一部分指的是人與天、人與己的關係之外,其餘的文字就幾乎都說的是人與人的關係。而這些關係在我們仔細體會之下,發現其重點竟與目前世界上最新的「社會福利」以及「全人發展」這兩項人在社會上一律平等,並要求更適當的福祉照顧的觀念完全一致。

我們先討論第一部分「社會福利」的問題。本來每個人在社會上不同的發展階段,都會有缺失、窮困、災難等事故出現的可能。這些狀況舊時或可靠親友、宗教及有

關慈善團體等協助維持生活,在現代則由國家整體的社會福利制度協助度過難關。而從〈禮運・大同篇〉上看「鰥寡孤獨廢疾者皆有所養」這句話,則顯然在兩千五百多年前,孔子就已經有了人民如有生活困難無依的狀況發生時,政府就要無條件的給予協助的原則觀念。

然後我們接著討論第二部分「全人發展」的問題。全人發展在現代比起社會福利來又是一種更新穎的觀念。「全人發展」從字面上來看似乎甚為簡單。有謂德智並重為全人發展,或德智體群美五育均衡發展即為全人發展者,似乎都未能說清楚其中涵義。其實全人發展並非要求一個人必須做到完美的境界,而是要幫助一個人的優點可以充分發展,缺點可以修補的意思。例如目前全人發展的推動多運用在醫療和教育方面,就特稱為全人醫療(holistic medicine)和全人教育(holistic education)。

關於全人醫療的觀念,起先源自我們較早所提過的精神科醫師高斯坦(K. Goldstein),他發現任何一個生物體都會有從頭到腳,通體一致合作追求自我充分發展的自然趨向,譬如說人的飲食不單只是嘴巴的事,而是由眼、耳、口、鼻、手、腳、胃、腸等一致動作,以求解決飢餓

問題的行為。這種一個人可以全力追求自我實現的道理，後來由馬斯洛（A. Maslow）加以推衍，就發展出他著名的「發展層次論」。然後又有另一位美國的心理治療師羅傑斯（C. Rogers）採用，建立起一套「以患者為中心」的心理治療方法[6]。

傳統的醫病關係，一向都被以嚴肅的態度看待。其中治療者是絕對的權威，而被治療者又全然軟弱無依。羅氏的以患者為中心治療，則首先把醫病關係改變為諮商者與當事人（或來訪者）的關係，降低醫療而提升協助的意義。羅氏認為在「人」的原則之下，根本不應有誰高誰低的問題。諮訪雙方雖然角色不同，基本上都是享有同等權利的參與者。兩者之間應成為詢問、商議、幫助等顧問或朋友間的互動關係。

羅傑斯的以患者為中心觀念，後來由心理治療推廣至一般的醫藥治療，目前已為多數醫院及醫師接受，大致可分為三個方面進行：一、生病前要提供正確有效的預防方法。二、生病時要提供以病人為中心的醫療照護。三、病

6　C. Rogers, *A Way of Being*, New York : Houghton Mifflin, 1995, pp. 113-134.

癒後要提供適合病人家庭狀態、經濟、體力、復健機構設備等支持。這樣全人醫療的做法，當然就會收到更完美的治療效果。

除了全人醫療之外，羅氏以患者為中心的做法，後來又更在學校教育中亦逐漸形成了教育以學生為中心的「全人教育」觀念。 所謂全人教育即是把教育視為每一個人的基本人權以落實。其重點有二：一、教育由過去以教師為中心的觀念，改變為以學生為中心的觀念。教師由過去重威權的角色改變為重輔導的角色。二、全人教育的理想，在於使每一個學生都能依其獨特性向背景，在不虞外在資源匱乏的條件下，以與生活結合，及內在知情意行統合而心身一致的自我充分發展方式，來接受德智體群美均衡的一種基本完整教育學習經驗。譬如過去幼兒園的學生，本來上課使用與成人同樣的大馬桶、大桌椅，後來才有改用小桌椅、小馬桶的符合實際的做法。又譬如有視力和聽力等問題的學生，可以進入特殊學校受教，就都是全人教育以學生為中心的進步實例。

在人與人的社會互動關係上，本來就應該以多考慮對方有利的立場為主。對方有困難發生時，固然應該盡力

施以援手，就算是對方未有迫切的需要，如果能以本身的經驗，多協助他人有更好的機會來發展實現自己的潛力理想，也應該是一個有感情和理性的仁義行為的發揮。所以孔子就在〈禮運・大同篇〉上說了「人不獨親其親，不獨子其子，使老有所終，壯有所用，幼有所長……男有分，女有歸」等就是期持人人如都能夠多為他人著想，而人人就都可以因此而獲得人生基本美滿的全人結果。

孔子思想為何會如此周到前衛我們不得而知，但確實時代愈進步，我們就發現他的觀點愈入人心，而且孔子身體力行，譬如他一生之中在教育上的貢獻最大。在他那個封建政治的時代，他就已經首開打破當時學在官府的貴族階級對教育文化的壟斷，首創私學，將受教育的對象由貴族擴大到涵蓋所有不同身分的人民，而且除了「有教無類」之外，又全力推動「因材施教」，在教育上一方面能注意到學生身分的平權，一方面又能衡量學生有才智、興趣、感情、價值觀等可能對學習結果造成巨大差異的內在條件，而早就著重以學生為中心的教學方式。譬如他在解釋一個「仁」字，對不同背景個性的學生就有不同引導方法，又譬如《論語》〈述而第七・八〉裡，還記下孔子的

一段話：「不憤不啟，不悱不發。舉一隅不以三隅反，則不復也。」說的是：「教育是由學生內化吸收，而非由教師外鑠灌輸的。所以教學生一門功課，首先要了解學生是否已有學習這門功課的動機；如果缺乏動機，那就是學習的需求尚未成熟。其次則在了解學生是否已有學習這門功課的基本能力，如果能力不足，那也不宜草率就要他去學習。然後在教學過程中，還要隨時留意學生是否真正可以融會貫通所學知識。如果學生不能將所學知識應用在一般實踐道理上，那麼教師和學生就必須暫停下來，共同修正有關的教材和教法，而不可以一味機械式地強教下去。」在這段文字裡，應就是一種適當「以學生為中心」的「全人教育」具體說明了。所以孟子就曾經說過：「孔子聖之時者也，孔子之謂集大成」（《孟子》〈萬章下〉）。這句話的意思即是指，孔子的思想是超越時空的；不但不會過時，反而是時代愈進步，愈能證明他的卓越。也不會與其他高明的學理發生牴觸，反而是有互相印證的效果好處。

結 語

　　近代西方人本主義思想興起，主要在人類已於地球上存在千百萬年，歷盡滄桑之後，才回過頭來研究想要解開我們「人是什麼？」以及「人應該如何做人？」兩大問題。

　　本文將第一個問題分為兩個重點來討論：即（一）「人的存在先於本質」，及（二）「人的意志自由與責任」。然後將第二個問題分為三個重點來討論：即（三）「人人都可以自我充分發展」，（四）「人性的內涵」，以及（五）「人與己、人與人、人與天的意義」。然後將各重點鋪陳後，再舉兩千五百多年前中國儒家思想的內容互相比較，結果發現兩者的主要理念甚為類似。

　　第一個重點「人的存在先於本質」。依據近代巴斯噶、祁克果、沙特等人的看法，人之所以為人，主要是具有其他生物所無的感情與理性兩項特質，能自我反省、思考及創造。所以其他的生物不能改變自己的命運，一輩子就只能扮演一種已被預訂的角色，是本質先於存在。而人則於存在之後，一輩子可以無數次選擇改變自己的人生方

向，是存在先於本質，主動權在己。而在儒家思想方面，如孔子說的：「人能弘道，非道弘人。」「仁者，人也，親親為大；義者，宜也，尊賢為大。」以及孟子說的：「人之異於禽獸者，幾希。庶民去之，君子存之。舜明於庶物，察於人倫，由仁義行，非行仁義也。」都是表明了人不受同一律所限制，可以自己決定命運的意思。

第二個重點「人的意志自由與責任」。人的存在先有思想，有了思想之後還要靠意志來做目標的貫徹。基本上每一個人的思想意志都是可由自己決定的。但依照胡塞爾現象學的理論，凡人對世上的一般事物的認知又都只能有達到部分表面現象的能力，沒有人可以掌握百分之百真正實體的內容，所以世上任何兩個人對同一事物都會產生有意見不同的結果，而意見不同就容易造成焦慮與衝突。為了避免焦慮與衝突，羅洛‧梅認為每一個人都必須負起以愛來包容他人不同意見的責任。這種互相以愛來尊重他人意志自由的做法，在《論語》中表達甚多。例如孔子說的：「君子不器。」「子絕四：毋意，毋必，毋固，毋我。」以及孔子與樊遲的對話：「樊遲問仁。子曰：『愛人。』問知。子曰：『知人。』樊遲未達，子曰：『舉

直錯諸枉，能使枉者直。」樊遲退，見子夏，曰：『鄉也，吾見於夫子而問知，子曰：『舉直錯諸枉，能使枉者直。』何謂也？』子夏曰：『富哉言乎！舜有天下，選於眾，舉皋陶，不仁者遠矣。湯有天下，選於眾，舉伊尹，不仁者遠矣。』」應就是同樣的道理。

　　第三個重點「人人都可以自我充分發展」。德裔美籍神經、精神科醫師高斯坦認為凡是生物，都有一種潛在爭取自己適當成長的可能，譬如植物基本上也有向光、向水、背地的傾向。這種傾向到了人類更表現出一種積極追求自我充分發展的做法，例如以飲食來解決飢餓的問題，後來可以演變成兼顧色香味，甚至氣味、禮節等餐飲行為；這種人類要更做好自我充分發展，而且另具創造性以符合人的格調選擇傾向，就特別稱作是一種「自我實現」的人格行為。後來美國人本主義心理學家馬斯洛就此推演，更深入分析人性追求真善美的動機潛能，提出了「動機需求層次論」，認為一個人生在世，就應該全力發揮人的潛能，以終極追求個人理想的自我實現為目標。馬斯洛將自我實現又細分為兩種類型：一是健康型的自我實現，理論上人人應可做到；二是超越型的自我實現，代表在歷

史上能留下顯著貢獻，提起來人人欽仰的極少數偉大人物。這兩種自我實現的不同類型人物，說巧不巧，就正好與中國儒家思想中一再提到的「君子」與「聖人」兩種典範人物的意義完全相合，所以也就不意外孔子會有「聖人，吾不得而見之矣；得見君子者，斯可矣！」的感嘆了。

第四個關於「人性的內涵」重點。對近代人本主義學者而言，大致均同意人性本善的理論。因為如果人性本惡的話，就很可能為不良行為提供了一個合理化的基礎，那就是做壞事好像是應該的，合乎人性的，這似乎不很妥當。人性本善，在儒家思想中也是一個重要的觀點，例如孔子說的：「性相近也，習相遠也。」「人之生也直，罔之生也幸而免。」孟子說的：「所以謂人皆有不忍人之心者；今人乍見孺子將入於井，皆有怵惕惻隱之心；非所以內交於孺子之父母也，非所以要譽於鄉黨朋友也，非惡其聲而然也。」「人皆可以為堯舜。」等話，都表示了人性本善，惡行其實都是由後天學習而來，人沒有天生就會說謊話的。而任何人基本上都是具有成為聖賢的可能，而最後能否達到那種結果，要看個人是否真的有心去做。

第五個重點是「人與己、人與人、人與天的意義」。

人本主義是一種以人為中心的哲學思想。所謂以人為中心並非代表要忽視世界上其他一切現實的存在（包括神）；而是認為我們既然要求了解這個世界上的所有事物，最好及最方便的途徑就應該先從檢討一個人的自我本身開始，然後再探討人與人，以及人與萬物彼此之間的互動作用。這種著重討論人與己，人與人，人與天（或世界）關係的做法，近代的康德、雅斯培、海德格、馬色爾、沙特、羅洛‧梅等都曾做過深入的研究，認為這種互動關係一旦愈能深入了解，當然也就更可增進彼此共存共榮的和諧意義。而中國儒家思想中，除了孟子曾說過「君子之志於道也，不成章不達。」「愛人者，人恆愛之；敬人者，人恆敬之。」「順天者存，逆天者亡。」等話之外，孔子更在《論語》中說了一段「不知命，無以為君子也；不知禮，無以立也；不知言，無以知人也。」以及在《禮記》中說了一段「大道之行也，天下為公。選賢與能，講信修睦；故人不獨親其親，不獨子其子；使老有所終；壯有所用；幼有所長；鰥寡孤獨廢疾者皆有所養。男有分、女有歸。貨，惡其棄於地也，不必藏於己；力，惡其不出於身也，不必為己。是故謀閉而不興，盜竊亂賊而不作，故外戶而

不閉，是謂大同。」這些話，更是人應該如何了解及做好「與己」、「與人」、「與天」關係的重要指標。

最後，在我們詳細比較了西方的人本主義與中國的儒家思想之後，發現兩者確實立場一致理念相同；方向是以人為本來追求萬事萬物的和諧發展，而目的應即是貫徹天下為公，世界大同境地的追求落實了。但不可諱言的，我們同時也了解到這個路途曲折遙遠，而人生變數又多；而我們所可以堅持的，也就是能深刻體會人本的意義，一步一步踏實向前邁進就是了。

文化生活叢書・藝文采風 1306029

歷久彌新的孔子思想：
談人本主義與儒家思想的交會

作　　　者	張凱元　安強	
責任編輯	宋亦勤	

發 行 人	林慶彰
總 經 理	梁錦興
總 編 輯	張晏瑞
編 輯 所	萬卷樓圖書(股)公司

臺北市羅斯福路二段 41 號 6 樓之 3
電話 (02)23216565
傳真 (02)23218698

發　　　行	萬卷樓圖書(股)公司

臺北市羅斯福路二段 41 號 6 樓之 3
電話 (02)23216565
傳真 (02)23218698
電郵 SERVICE@WANJUAN.COM.TW
香港經銷
香港聯合書刊物流有限公司
電話 (852)21502100
傳真 (852)23560735

ISBN 978-986-478-455-4
2021 年 4 月初版
定價：新臺幣 220 元

如何購買本書：
1. 劃撥購書，請透過以下帳號
　帳號：15624015
　戶名：萬卷樓圖書股份有限公司
2. 轉帳購書，請透過以下帳戶
　合作金庫銀行　古亭分行
　戶名：萬卷樓圖書股份有限公司
　帳號：0877717092596
3. 網路購書，請透過萬卷樓網站
　網址 WWW.WANJUAN.COM.TW
大量購書，請直接聯繫，將有專人
為您服務。(02)23216565　分機 610

如有缺頁、破損或裝訂錯誤，請寄
回更換

國家圖書館出版品預行編目資料

歷久彌新的孔子思想：談人本主義與儒
家思想的交會/張凱元, 安強著. -- 初版.
-- 臺北市 ：萬卷樓圖書股份有限公司,
2021.04
面 ； 公分. -- (文化生活叢書. 藝文采
風 ；1306029)
ISBN 978-986-478-455-4(平裝)
1.人本主義 2.儒學

143.47　　　　　　　　110003243